Garth Hattingh

Klettern

Ratgeber
zu Ausrüstung und Technik

Delius Klasing Verlag

Titel der englischen Originalausgabe:
ROCK & WALL CLIMBING – THE ESSENTIAL GUIDE TO
EQUIPMENT AND TECHNIQUES
veröffentlicht bei New Holland Publishers (UK) Ltd., London

Die Deutsche Bibliothek – CIP-Einheitsaufnahme

Klettern: Ratgeber zu Ausrüstung und Technik /
Garth Hattingh.
[Aus dem Engl. von Jörg Spaniol]. –
1. Aufl. – Bielefeld: Delius Klasing, 2002
Einheitssacht.: Rock & wall climbing <dt.>
ISBN 3-7688-1328-2

1. Auflage
ISBN 3-7688-1328-2
Die Rechte für die deutsche Ausgabe liegen beim
Verlag Delius, Klasing & Co. KG, Bielefeld

Aus dem Englischen von Jörg Spaniol
Layout: Mark Jubber
Zeichnungen: Danie Jansen van Vuuren
Einbandgestaltung: Ekkehart Schonart
Printed in Singapur 2002

Delius Klasing Verlag, Siekerwall 21, D – 33602 Bielefeld
Tel.: 0521/559-0, Fax: 0521/559-113
e-mail: info@delius-klasing.de
www.delius-klasing.de

Danksagung

Der Autor dankt allen seinen Freunden und Kollegen für die schönen gemeinsamen Stunden in den Bergen. An das Team von New Holland Struik – Laura, Mark, Gill und alle anderen – vielen Dank für Eure taktvolle Hilfe. Ein besonderes Dankeschön auch an Willem und Keith, die mich auch in der arbeitsreichen Zeit ertragen haben.

Der Verlag New Holland dankt Geoff Ward von Outward Ventures, Simon Larsen von Ram Mountaineering um dem Mountain Club von Südafrika für die vielen und hilfreichen Informationen und Ratschläge; ebenso Clinton und den anderen Kletterern, die an den Fotoaufnahmen beteiligt waren.

Inhalt

Klettern – ein Spiel

Wer seinen Freunden erzählt, dass er klettert, muss mit schallendem Gelächter rechnen, zumindest mit ungläubigem Staunen oder mit albernen Scherzen. Viele Leute glauben, Klettern sei nur etwas für todessehnsüchtige Spinner, ein bizarrer Macho-Sport, bei dem es darum geht, weite Strecken in tückischem Gelände zurückzulegen, um anschließend hunderte von Metern in grifflosem, überhängendem Fels zu klettern – im Schneesturm. Natürlich kann es beim Klettern um genau das gehen, aber für die meisten Kletterer ist ihr Sport nur eine aufregende und angenehme Art, der Monotonie des Alltags zeitweise zu entkommen – eine packende körperliche Erfahrung, bei der man seinen Spaß hat, während man sich auf das fesselnde Spiel mit dem kalkulierten Risiko einlässt.

Ein kalkuliertes Risiko

Für einen der größten Bergsteiger der Welt, Reinhold Messner, ist Klettern das Beherrschen von Risiko – wenn das Risiko zu groß wird, gerät das Spiel außer Kontrolle und an die Stelle des Abenteuers tritt die Gefahr. Ein Ziel beim Klettern ist es, so weit zu kommen, dass man Situationen richtig einschätzt und absteigt - oder gar nicht erst aufsteigt – wenn das Risiko eines ernsthaften Unfalls zu hoch ist. Es scheint ein guter Rat zu sein: Messner selbst hat alle 8000er bestiegen, die meisten davon ohne Sauerstoffgerät, und einige der extremsten Routen der Welt eröffnet – und er kann noch davon erzählen.

Das Ziel dieses Buches ist es, seinen Lesern bei der Verringerung des Risikos zu helfen, ohne dass dabei die Unbeschwertheit und das Abenteuer verloren gehen, die dem Klettern eigen sind und die seinen Charakter ausmachen. Das bloße Lesen dieses Buches und die buchstabengetreue Befolgung seiner Ratschläge bedeuten natürlich keine Sicherheitsgarantie – nur wer Erfahrung sammelt, seinen gesunden Menschenverstand einsetzt und gelegentlich Rat und Hilfe bei erfahrenen Kletterern sucht, steigert gleichzeitig seine Freude am Klettern und verringert die Unfallgefahr.

Entgegen der verbreiteten Ansicht geht es beim Klettern nicht in erster Linie um Risiko und Gefahr, obwohl die Allgegenwart der Gefahr manchem als Ansporn oder Stimulanz dient. Für die meisten Kletterer geht es um die persönliche Freiheit und die mentale Herausforderung. Sicher werden viele auch vom Adrenalin befeuert und angestachelt, während sie eine Route bewältigen.

Spielarten: Alles ist möglich

Klettern ist wirklich nur ein Spiel. Niemand wird gezwungen, Felsen oder Berge zu besteigen – man tut es als Zeitvertreib, der einem große Befriedigung verschafft, einfach nur »weil die Berge eben da sind«. Sicher tun es manche zum Lebensunterhalt –, genauso, wie es etwa Golfer oder Fußballer auch tun – aber die große Mehrheit der Kletterer betreibt ihren Sport nur zum Vergnügen.

Lito Tejada-Flores, selbst ein eifriger Kletterer, hat in seinem wegweisenden Essay »Games Climbers Play« mit ironischem Unterton die verschiedenen Kletterstile und ihre jeweiligen Regeln herausgearbeitet. Im Allgemeinen werden Regeln gemacht, um ein Spiel zu lenken, aber auch, um es nicht zu einfach zu machen – wäre es beispielweise beim Fußball erlaubt, mit dem Ball in der Hand übers Feld zu laufen, wäre der Geist des Spiels dahin, während genau das beim Rugby erlaubt ist und dazugehört. Genauso hat das Klettern meist ungeschriebene, aber dennoch allgemein bekannte Regeln, um das Spielfeld abzustecken – oder besser: »um die Berge steiler zu machen«. Wenn man eine riesige alpine Wand klettert und schlechtes Wetter droht, dürfte es als akzeptabel gelten, sich mithilfe seiner Ausrüstung hochzuziehen oder sich auf Haken in einem Felsriss zu stellen; tut man dasselbe im heimischen Klettergarten, treffen einen die geringschätzigen Blicke anderer Kletterer. Das bedeutet nicht, dass man nicht wählen dürfte, wie man eine bestimmte Route angeht – aber einige Sachen gelten einfach nicht als »guter Stil«.

Und das sind die verschiedenen Spielarten des Kletterns:

Bouldern

Wahrscheinlich das einfachste der Spiele, weil man am wenigsten dazu braucht – und genau aus diesem Grund auch Gegenstand der strengsten ungeschriebenen Gesetze. Alles, was es zum Bouldern braucht, sind ein niedriger Felsen und ein Kletterer. Ein Boulderfelsen kann einen halben Meter oder auch (mutmaßlich unkluge) zehn Meter hoch sein. Wenn man will, kann man Kletterschuhe dazunehmen (siehe Seite 18) – griffig besohlte, eng sitzende, trittsensible Schuhe, mit denen man jede Rauheit der Felsoberfläche ausnutzen kann – und Magnesia (siehe Seite 21), ein Puder, das die Finger und Handflächen trocken und damit griffig macht.

Und jetzt kommen die Regeln. Beim ernsthaften Bouldern ist die Seilsicherung verpönt, man benutzt keine Sicherungsmittel zum Aufstieg, kein Kletterpartner unterstützt einen (physisch) auf dem Weg nach oben, und man muss sich an eine vorgegebene Route halten (an vielen Boulderfelsen überlagern sich beispielsweise diverse Routen auf einer sehr begrenzten Felsoberfläche).

Für viele Kletterer wird das Bouldern zur alles verschlingenden Leidenschaft, und sie können stundenlang beglückt im heimischen Keller üben, wo sie sich einen selbstgemachten Überhang hingezimmert haben, der ihnen den echten Felsen ersetzt. Das mag jeder halten, wie er mag, doch die Freude und Schönheit des Erlebens draußen gehen dabei verloren.

Bouldern macht Spaß, es ist ein preiswerter Weg, mit dem Klettern zu beginnen, und es ist gesellig. Es beansprucht aber auch die Fingersehnen enorm und erfordert viel Kraft und Beweglichkeit. Vorausgesetzt, man bemüht sich nicht allzu früh, die »Gurus« zu imitieren und versucht sich zunächst an den einfacheren Boulderproblemen, ist es ein hervorragender Einstieg in die Kletterkarriere.

Free Solo (seilfreies Klettern)

Die folgende Spielart ist die radikale Variante des Boulderns: Free solo, seilfreies Klettern, ist das Besteigen von Felsen beliebiger Höhe ohne die üblichen Sicherungsmittel. Diese zügellose Form des Kletterns kann extrem faszinierend sein, da sie es dem Kletterer ermöglicht, sich schnell und geschmeidig zu bewegen.

Für den Beginn einer Kletterkarriere ist sie jedoch nicht gerade empfehlenswert, denn viele Kletterer, darunter auch erfahrene Experten, sind beim »free solo« tödlich abgestürzt. Wenn alles glatt geht und die Route sich klar innerhalb der physischen und psychischen Möglichkeiten des Kletterers befindet, dann ist das seilfreie Klettern eine begeisternde, pure Form der Kletterkunst. Beim allerkleinsten Fehler endet der Versuch jedoch schnell tragisch.

Extremes seilfreies Klettern überlässt man besser den Experten – weit über dem Boden, ohne jede Sicherung, sollten einem Angst oder Unsicherheit fremd sein!

Der wahrscheinlich gesündere Weg des seilfreien Kletterns ist eine Route über dem Wasser. In vielen Teilen der Welt, wie etwa den Calanques in Südfrankreich oder Teilen der englischen Küste, gibt es lange Steilküsten über ausreichend tiefem Wasser. Hier gibt es teilweise Querungen, die sich schier endlos und auf vertretbarer Höhe an der Küste entlangziehen. Dabei kann man sich nicht nur an endlosen Querungen versuchen, sondern hat auch den Vorteil, dass ein Sturz zwar einen Tauchgang und eine lange Schwimmstrecke auf dem Rückweg mit sich bringen kann – aber keine ernsthaften oder tödlichen Verletzungen. Trotzdem sollte man sich klarmachen, dass Wasser stahlhart werden kann, wenn man aus zehn Metern oder mehr aufschlägt, und dass die Gefahren kalten Wassers und großer Wellen genauso erheblich sein können wie die eines felsigen Untergrunds – und in manchen Gegenden lauern unfreundliche Haie. Auch hier sollte man sich also vor dem Klettern mithilfe geeigneter Führerliteratur über das angepeilte Klettergebiet informieren und sich mit gebietskundigen Kletterern unterhalten.

An Felsklippen kann das »Solo« eine extrem genussreiche Sache sein, da bei einem Fehler höchstens ein Sturz ins kalte Wasser und eine lange Schwimmstrecke zurück drohen.

Buildering

Hier ist der Name Programm – es geht um das Beklettern von Gebäuden (englisch: buildings), die nicht zum Klettern gebaut wurden, sich aber trotzdem hervorragend dazu eignen. Als eigene Stilrichtung kann man es kaum ansehen, eher als zivilisationsnahe Unterart des Boulderns. Vor allem Brückenpfeiler und Stützmauern sind beliebte Ziele für die schnelle Route am Feierabend. Trotzdem ist Vorsicht geboten, denn Klettereien dieser Art können Ärger machen. Hausmeister nehmen ihre Pflichten bisweilen sehr ernst, und es kann auch schwierig werden, einen Richter davon zu überzeugen, dass man an der Bankfassade »nur ein bisschen klettern« wollte. Klettern Sie an solchen künstlichen Hindernissen, aber holen Sie vorher die Genehmigung ein.

Eine Gruppe Kletterer vergnügt sich (und trainiert ihre Finger) bei der Querung der Natursteinwand einer Berghütte.

Kletterwände und -hallen

Kletterhallen und künstliche Wände sind extrem geeignet, um mit dem Klettern anzufangen – normalerweise gibt es hier Leihausrüstung und geschultes Personal, das Tipps gibt und dafür sorgt, dass man sich in der heiklen Anfangsphase keine Fehler angewöhnt. In den meisten Hallen gibt es ein breites Spektrum von Routen verschiedenster Schwierigkeit und die Möglichkeit, sich bei anderen Kletterern etwas abzugucken. In vielen Ländern, in denen das Sportklettern populär ist, gibt es gute Anlagen. Besonders häufig sind sie in Belgien, Frankreich, Großbritannien und den USA. Die Hauptgefahr der Kletterhallen ist, dass enthusiastische Anfänger zu heftig und zu schnell vorankommen wollen und

In einer gut ausgestatteten Kletterhalle gibt es alles – superbe Boulderprobleme, gute Überhänge und jede Menge Routen für Kletterer jeder Könnensstufe. Ein großer Vorteil von Kletterhallen ist ihre Unabhängigkeit vom Wetter.

sich dadurch Muskel- und Sehnenverletzungen zuziehen (siehe Seite 82-83). Außerdem verursachen mangelhafte Sicherungskenntnisse eine Menge vermeidbarer Unfälle.

Die meisten künstlichen Kletteranlagen waren anfangs kleine, einfache Konstruktionen mit dem Zweck, ganzjähriges Klettertraining zu ermöglichen. Viele von ihnen haben sich unterdessen zu riesigen Gebilden ganz eigenen Charakters entwickelt, die nicht mehr als bloßer Ersatz für »das Echte« gelten. Einige Kletterer schätzen die Kletterhallen so sehr, dass sie die künstlichen Wände überhaupt nicht mehr verlassen, um sich an echtem Fels zu versuchen.

In bestimmten Fällen kann das Klettern an künstlichen Wänden auch von einem ganzen Kodex präziser Regeln gesteuert werden, die etwa bestimmen, welchen Griff man berühren darf und welchen nicht, oder dass man auf einer bestimmten Seite einer Linie bleiben muss. Wie auch immer: In einer Kletterhalle steht es einem eher frei, diese Regeln zu ignorieren als am echten Fels.

Wettkampfklettern

Das Aufkommen der Kletterwettbewerbe hat die Popularität künstlicher Kletterwände gesteigert, denn das Wettklettern findet seit 1987 aus Gründen des Naturschutzes nicht mehr an natürlichen Felsen statt. In diesen Wettbewerben muss eine vorgegebene Route mit einem genauestens ausgetüftelten Schwierigkeitsgrad in einer festgelegten Zeit durchstiegen werden. Gewertet wird, wie weit ein Kletterer innerhalb des Zeitlimits kommt. Dabei spielt die Geschwindigkeit für die Bewertung keine Rolle – solange man im Zeitlimit bleibt.

Das Geschwindigkeitsklettern ist eine seltenere Disziplin – hier muss eine deutlich einfachere Route in der kürzestmöglichen Zeit bezwungen werden. In vielen Ländern gibt es heutzutage Wettkampfserien.

Jenseits lokaler und nationaler Wettkämpfe gibt es internationale Ereignisse wie eine Weltcup-Serie und Einladungswettkämpfe für die »créme de la créme«, die beispielsweise in Serre Chevalier in Frankreich, im US-amerikanischen Snowbird Lodge und im italienischen Arco stattfinden. Auch in der Jugend- (unter 13 Jahren) und der Juniorenkategorie (unter 19 Jahren) gibt es jährliche Weltcup-Wettbewerbe.

In den bedeutenderen Wettbewerben locken Ruhm, Ehre und beträchtliche Preise. Außerdem bieten sie die Möglichkeit, sicher und unter kontrollierten Randbedingungen zu klettern und Kontakte zu knüpfen. Die Voraussetzungen sind allerdings konsequentes Training, Selbstdisziplin und ein kühler Kopf in Stress-Situationen.

Wettkampfklettern hat die Popularität des Sports gesteigert, weil es Zuschauer anzieht, die sonst nie einen Kletterer in Aktion sehen würden. Die Wettkampfregeln umfassen die Routen, die Schwierigkeitsgrade und die Zeitlimits in jeder Kategorie.

Sportklettern

Sportklettern ist eine ziemlich moderne Spielart des Klettern. Seine Wurzeln liegen im Frankreich der 1970er-Jahre. In den französischen Alpen gab es viele Routen, wo Bergführer den Vorsteiger mit geschlagenen Haken in Felsritzen vor den Folgen eines Sturzes gesichert hatten, und die Haken einfach stecken liessen, um sie bei der nächsten Führungstour nicht neu setzen zu müssen. Junge Kletterer erkannten das Potenzial dieser Technik und begannen, härtere und steilere Routen abzusichern – zunächst mit geschlagenen Haken, später immer mehr mit Bohrhaken. Der Vormarsch der Akkubohrer und schnellbindender Epoxykleber hat dazu geführt, dass mehr und mehr Gebiete so durchgesichert wurden.

Die Spielart des Kletterns, bei der der Kletterer das Seil in vorhandene, feste Sicherungspunkte einhängt, wird als Sportklettern bezeichnet. Dieser Stil hat Tausenden von Kletterern den Sport zugänglich gemacht und ist ein hervorragender Weg anzufangen, wenn man die Toprope-Technik einsetzt oder seine ersten Vorstiege macht.

Die meisten Sportkletterrouten umfassen nur eine Seillänge (siehe Seite 56). Das bedeutet, dass man bis zu einem Punkt klettert, von dem einen der Sichernde (der Partner, der einen mithilfe eines kleinen technischen Geräts sichert oder hält – siehe Seiten 40 bis 43) wieder auf den Boden ablässt. Natürlich gibt es auch Sportklettereien mit vielen Seillängen, in denen man stundenlang einer einzigen Route folgt, wie etwa in der Verdon-Schlucht in Südfrankreich.

Es gibt viele Routen und bestimmte Arten von Felsen, die sich am besten mit Bohrhaken absichern lassen (siehe Seite 60), weil sie dort die einzige mögliche und zuverlässige Form der Sicherung darstellen – und eine ganze Anzahl lokaler Behörden hat auch zugestimmt, dass bestimmte Gebiete mit Bohrhaken abgesichert werden, während andere Felsflächen den Jüngern des traditionellen Stils vorbehalten bleiben (siehe nächste Seite). Unzweifelhaft hat die Erleichterung durch den Einsatz von Bohrhaken zur starken Zunahme von Kletterern an den Felsen geführt, und es gibt einen ständig wachsenden Druck, mehr und mehr Gebiete mit Bohrhaken abzusichern. Über den Umweltschaden, den die Bohrhaken selbst anrichten, lässt sich trefflich streiten, insbesondere wenn man ihn mit der Anlage von Fußwegen, Pfaden und Zäunen vergleicht – oder auch von Schildern, die das Setzen von Bohrhaken verbieten. Dennoch ist in einigen Gebieten das Bohrhakenverbot gerechtfertigt und sollte respektiert werden.

Das Sportklettern hat zu einer dramatischen Leistungssteigerung im Klettern bis hin zum Expeditionsbergsteigen geführt, weil man hierbei fast risikolos an die Sturzgrenze gehen kann und das Risiko versagender Sicherungen sehr gering ist. Sportklettergebiete sind häufig steile, überhängende Felsen, an denen immense Kraft, Ausdauer und Beweglichkeit nötig sind, um Erfolg zu haben.

Klettern mit mobilen Sicherungsmitteln

Diese Form des Kletterns, auch als »Abenteuerklettern«, traditionelles Klettern oder »Clean Climbing« (weil man nichts am Felsen zurücklässt) bezeichnet, ist immer noch diejenige, die viele Leute für die »wahre« Form halten. Einer, der Vorsteiger, geht einen Felsen an und zieht dabei ein oder zwei Seile nach. Er oder sie setzt dann von Zeit zu Zeit Sicherungspunkte in Felsrisse, in die er mit Karabinerhaken das Seil einklinkt. Der zweite Kletterer sichert den Ersten, indem er das Seil hält, meistens mithilfe eines Sicherungsgeräts (siehe Seiten 40–41). Hat der Vorsteiger einen geeigneten Platz erreicht, legt er zusätzliche Sicherungen, macht sich daran fest, und sichert dann den zweiten Kletterer bis zu seinem (oder ihrem) Standplatz nach. Der zweite Kletterer sammelt unterwegs alle Sicherungsmittel ein, um sie im weiteren Aufstieg wieder einsetzen zu können.

Auch diese Spielart hat ihre Regeln, und die bekannteste

Der traditionelle Kletterstil erlaubt es, noch unbestiegene Felsen zu bezwingen, ohne jegliche vorhandene Hilfsmittel wie Bohrhaken. In diesem Stil werden neue, große Routen in abgelegenen Gebieten (und gelegentlich auch im Klettergarten) angegangen.

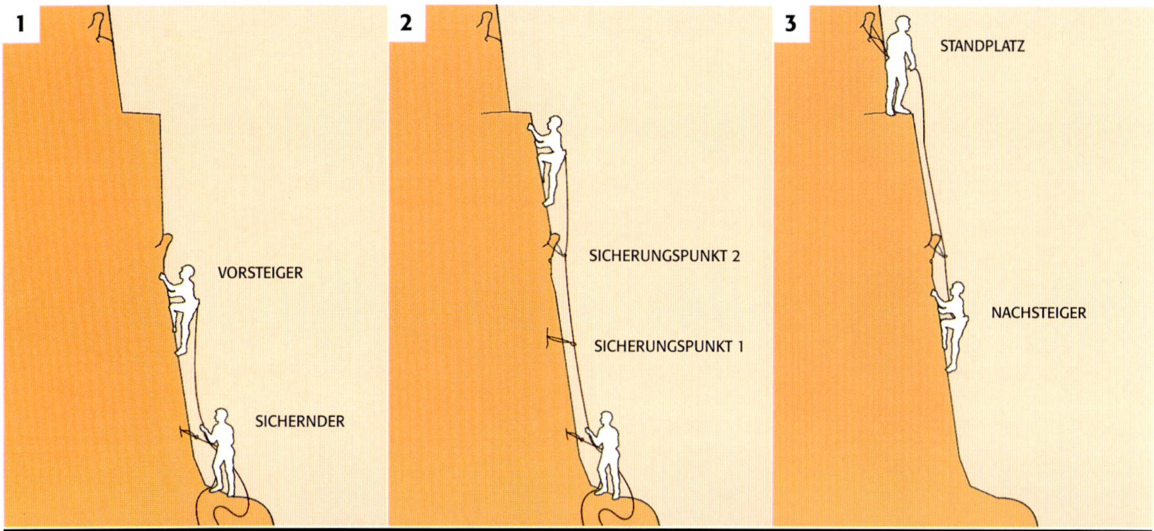

***1** Der Seilerste oder Vorsteiger klettert am Seil zum Routenende oder zum Ende der Seillänge und setzt unterwegs Zwischensicherungen.*

***2** Der Seilerste beendet die Route oder Seillänge und sichert sich am Standplatz oder Zwischenstand.*

***3** Der Seilzweite oder Nachsteiger klettert – vom Seilersten gesichert – nach und entfernt im Aufstieg die Zwischensicherungen* lautet: »Du sollst dich nicht an deinen Sicherungsmitteln hochziehen oder auf ihnen stehen«. Üblicherweise versucht hierbei der Nachsteigende, die Route noch eleganter zu meistern, indem er auch die Stellen »frei« nimmt, die der Erste mit technischer Hilfe überwinden konnte. Für einen »sauberen« Aufstieg gilt es als unstatthaft, die Route als Seilzweiter oder durch Abseilen auszukundschaften oder sich »Beta-Wissen« zu verschaffen – Informationen anderer Kletterer, die genaue Hinweise enthalten, wie knifflige Stellen zu bewältigen sind. Der reinen Lehre folgend geht man einfach hin und durchsteigt die Route.

Der große Vorteil des traditionellen Stils ist es, dass man jeden Felsen, egal wo, mit relativ geringem technischem Aufwand besteigen kann – vorausgesetzt, der Fels hat eine ausreichende Menge an Rissen, Spalten oder »Sanduhren«, in denen sich Sicherungen setzen lassen. Der Nachteil ist, dass manche Felsarten zu glatt und kompakt oder zu brüchig sind, um Keile, Schlingen oder Klemmgeräte setzen zu können, und dass selbst gelegte Sicherungen unter einer Sturzbelastung meist leichter versagen als Bohrhaken.

Das Setzen von Klemmkeilen usw. ist eine Kunst und es dauert eine Weile, die nötigen Kniffe zu lernen (s. S. 62). Außerdem ist es mental belastender, sich auf seine eigenen Sicherungen zu verlassen, als sich in vorhandene, stabile Bohrhaken einzuklicken. Es empfiehlt sich daher, in einem deutlich niedrigeren Schwierigkeitsgrad einzusteigen, als man ihn vielleicht im Klettergarten beherrscht. Die Techniken des »Abenteuerkletterns« werden überall eingesetzt: von kleinen Felsen über Big Walls und technische Routen bis zu langen alpinen Routen.

Technisches Klettern in einem schwierigen Routenteil. Das traditionelle und technische Klettern erfordern ein großes Sortiment von Ausrüstung.

Typische Beispiele für traditionelle Kletterrouten finden sich in den Alpen, Teilen Großbritanniens, vielen Routen im kalifornischen Yosemite und anderen Teilen der USA, außerdem in Gegenden wie dem südafrikanischen Cederberg, den australischen Grampians und den Darrens in Neuseeland.

Klettergärten

Klettergärten sind meist an kleineren Felsen eingerichtet, die maximal drei Seillängen umfassen. Das Klettern im Klettergarten unterscheidet sich vom Sportklettern nicht nur durch größere Hakenabstände – Zwischensicherungen müssen bisweilen selbst gelegt werden – sondern auch durch die Abstiegstechnik: Im Klettergarten gehen oder kraxeln die Kletterer oft auf einem einfacheren Weg zurück zum Felsfuß, statt sich abseilen zu lassen (wenn nicht Umweltbestimmungen zum Schutz der Pflanzen dies verbieten). Das Klettern in Klettergärten ist in einigen Ländern wie Deutschland, Österreich, Großbritannien, den USA, Südafrika oder Australien die populärste Form des Kletterns. Die Kletterer achten üblicherweise streng auf die Regel, Sicherungsmittel nicht als Aufstiegshilfe zu benutzen.

Alpinklettern

Mit meist deutlich schlechterer Absicherung und gleichzeitig wesentlich höherem Risiko durch Steinschlag, Lawinen oder Wetterumstürze als im Klettergarten werden beim alpinen Klettern Routen mit vielen Seillängen durchstiegen. Weil die Routen oft wirklich lebensgefährlich sind, zieht man sich gelegentlich auch mithilfe der Sicherungsmittel ein Stück weiter.

Bigwall-Klettern

Bei dieser (in Europa seltenen) Unterart ist es das Ziel, eine Gruppe von Kletterern auf jede erdenkliche Art eine riesige Felswand hinaufzubekommen. Grifflose Abschnitte oder Überhänge werden bisweilen »technisch« bewältigt, das heißt: Der Kletterer zieht sich an Bandschlingen und Strickleitern hoch oder steht auf Sicherungsmitteln. Oft steigen die Nachfolgenden an Seilen auf, die der Vorsteiger fixiert hat (s. S. 72). Auf diese Art sparen sie Zeit und Kraft. An Big Walls werden normalerweise große Mengen von Vorräten und Ausrüstung Abschnitt für Abschnitt in »Haulbags« mit dem Seil hinterhergezogen.

Die Grenzen zwischen den verschiedenen Arten und Unterarten des Kletterns verschwimmen zusehends. Die Definitionen sind insofern nur die Eckpfosten, in denen das Kletterspiel stattfindet.

Nächtliche Biwaks in der Wand gehören einfach dazu. Big Wall-Klettereien sind ernste Unternehmungen, was Wetterumstürze und die Schwierigkeiten eines Rückzuges bei Verletzungen, Unfällen oder Überforderung angeht.

Die Wahl der Ausrüstung

Man muss nicht über ein riesiges Aufgebot von Kletterausrüstung und Zubehör verfügen, um Spaß am Klettern zu haben. Trotzdem: Wenn man an alle die wunderbaren Erfahrungen denkt, die einem das Material ermöglicht, wird klar, warum die meisten Kletterer sich auch um die Ausrüstung Gedanken machen.

Für Anfänger könnte es so aussehen, als ob sich die erfahrenen Kletterer so flink und mühelos kreuz und quer über eine Felswand bewegen, als sei es ein Kinderspiel. Sind sie dann selbst am Fels, sieht er plötzlich rutschig aus und die Griffe sind winzig. Wie haben die anderen Kletterer das nur gemacht? Es dürfte auch an der Ausrüstung liegen.

Kletterschuhe

Mit dem richtigen Kletterschuh werden Ihre Kletterkünste sich gewaltig verbessern. Je besser der Schuh ist, je besser er sitzt und je mehr er zu Ihrem bevorzugten Klettergelände passt, desto spürbarer wird die Verbesserung sein.

Gummiverstärkte Seiten und ein spitzer Zehenbereich sind schmerzhaft, aber üblich, weil sie es zulassen, dass der Schuh stramm sitzt und gleichzeitig trittsensibel ist.

Der richtige Allzweck-Schuh

- Sitzt gut und rundum eng. Die meisten Kletterschuhe dehnen sich nach einer Weile, daher ist es kaum zu vermeiden, dass der Schuh anfangs etwas zu stramm sitzt. Kletterschuhe werden oft eine bis zwei Nummern kleiner gekauft als normale Schuhe. Normalerweise trägt man keine Strümpfe oder nur ganz dünne Socken. Dicke Socken verringern das Gefühl und können dazu führen, dass sich der Schuh um den Fuß dreht – was nicht sehr vorteilhaft ist, wenn man gerade versucht, auf einem winzigen Felsvorsprung zu balancieren.
- Hat eine biegesteife Sohle, die den Fuß unterstützt und ihn davor schützt, in einem Felsspalt gequetscht zu werden. Überprüfen Sie die Sohlensteifigkeit, indem Sie den Schuh biegen – er sollte etwa so weit nachgeben wie ein guter Laufschuh. Knicken Sie die Spitze – wenn sie sich umklappen lässt, wird sie Ihnen während der Anfängerzeit nicht viel helfen.
- Hat einen ziemlich breiten Gummirand, der sich um die ganze Sohle zieht – etwa zwei bis drei Zentimeter Höhe sind ideal. Dieser Gummirand ist eine große Hilfe, wenn man die Füße in Felsspalten zwängt oder die Reibung des Sohlenrandes braucht. Außerdem schützt das Gummi den Schuh oder Stiefel. Als Anfänger verschleißt man seine Schuhe viel stärker als erfahrene Kletterer, die ihre Füße ganz präzise setzen können.
- Kann eine gewisse Gelenkstütze bieten – einen hochgezogenen Schaft, der den Knöchel schützt. (Das ist jedoch nicht so wichtig wie die oben angeführten Kriterien, und Kletterschuhe mit einem hohen Schaft sind eher selten.

Rechts: Magnesia oder Chalk ist eines der vielen Hilfsmittel (wie Seil, Klettergurt, Schuhe, Karabinerhaken, Bandschlingen und so weiter), das Kletterer benutzen, um eine Route sicher hinauf zu kommen. Meistens hilft die Ausrüstung nur indirekt - generell gilt die Regel, sich nicht am Seil oder der übrigen Ausrüstung emporzuziehen, obwohl auch das vorkommen kann (beim technischen Klettern, beim Abseilen oder beim Ablassen in einer Route).

Spezielle Schuhe

Je nach der Gegend, in der man häufig klettert, kann es vorkommen, dass eine bestimmte Felsart oder -struktur vorherrscht. Deshalb könnte man sich früher oder später entscheiden, einen darauf angepassten Kletterschuh zu kaufen. Es gibt ziemlich spezialisierte Schuhe – bis hin zu bizarren, bananenförmigen Modellen, die erstaunlich komfortabel sind und deren Schnitt darauf ausgerichtet ist, den Fuß in eine Form zu zwingen, die zu maximaler Zehenkraft führt. Ihr Einsatzgebiet sind Tritte in Löchern und auf schmalen Leisten. Für Anfänger sind solche Schuhe allerdings nicht geeignet, da sie eine Menge Kraft in den Zehen und Fußsohlen erfordern – Kraft, die aus ganz kleinen Muskelgruppen stammt, die sich erst mit der Zeit entwickeln.

Extrem engsitzende Schuhe sind keine gute Idee für lange Klettereien, die entweder viele Seillängen oder mehrere Tage umfassen. Bei kurzen, technisch schweren Routen kann allerdings die verbesserte Performance für die Unannehmlichkeiten entschädigen, außerdem kann man die Schuhe dabei gelegentlich ausziehen.

Schuhpflege

Die Sohle sollte so sauber wie möglich sein und nach jedem Einsatz gereinigt werden – Spülmittel, Wasser und eine grobe Bürste sind geeignet. Trotz der regelmäßigen Reinigung neigen Sohlen mit der Zeit dazu, glatter zu werden, da sich ihre winzigen Poren mit Staub und Dreck füllen. Um seine Schuhe so lange wie möglich nutzen zu können, sollte man damit möglichst nicht auf die Erde treten und sie vor jeder ernsthaften Seillänge mit einem Lappen oder einer Bürste säubern. Viele Kletterer nehmen einen kleinen Lappen oder ein altes Handtuch mit, auf das Sie sich am Fuß des Felsens stellen, vor allem beim Bouldern. Leere Seilsäcke (siehe Seite 30) sind ebenso als Standfläche geeignet, um die Sohlen sauber zu halten.

A

B

C

D

E
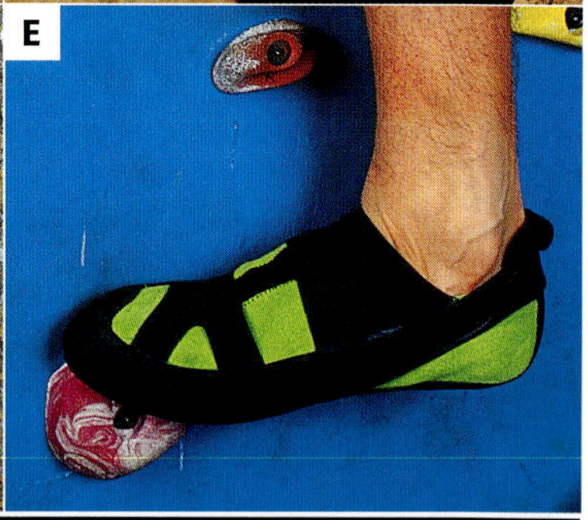

***A** Für Risse: Hier zählen eine steife Sohle, guter Knöchelschutz und ein breiter Gummirand rundum, der auch die Zehen vor Quetschungen schützt.*
***B** Für Reibungsklettereien (z.B. Platten): Ein weicherer, biegsamerer, enger Schuh sorgt für eine gute Kontaktfläche. Slipper sind für solche Fälle oft die richtige Wahl.*
***C** Für Trittklettereien: Auch hier eignet sich ein weicherer Schuh, aber mit mehr Sohlensteife als Slipper, um auch in kleinen Löchern oder auf schmalen Tritten stehen zu können.*
***D** Für Lochklettereien: Klettert man auf Kalkstein oder Ähnlichem, braucht man eine spitze Zehenform und einen hochgezogenen Rand an der Ferse für »Heel Hooks« (siehe Seite 46).*
***E** Für künstliche Wände: Durch den ständigen Wechsel zwischen Belastung und Ruhe eignen sich vor allem Slippers, die man sich im Nu von den Füßen pellt. Man sollte sehr auf diese Schuhe achten, da ihre dünnen Sohlen schnell verschleißen und sie sich nur schwer neu besohlen lassen.*

Magnesia und Magnesiabeutel

Arten von Magnesia (Chalk)

In der Welt des Kletterns meint der Ausdruck »Chalk« (meist wird hierfür das englische Wort benützt) normalerweise Magnesiumcarbonat ($MgCO_3.5H_2O$) mit Zusatzstoffen wie Kieselsäure, die für besonderen Grip sorgen sollen. Magnesia dient nicht der Routenmarkierung oder zum Klettern von Punkt zu Punkt, sondern zum Trocknen der schwitzigen Hände und Fingerspitzen. Magnesisa bekommt man in Blocks (die man in Stückchen oder zu Pulver zerbröselt), als Puder, oder als Chalk Balls (dort ist das Puder von einem porösem Stoff, ähnlich wie Nylonstrümpfe, umhüllt). Chalk Balls werden in den Kletterhallen immer populärer, wo zuviel Magnesiastaub zu leichten Atemwegsreizungen führen kann. Man sollte einfach verschiedene Formen und Sorten von Magnesia ausprobieren um herauszufinden, mit welcher man am besten klarkommt.

Etwas Magnesia sorgt für einen sicheren Griff auf Oberflächen, die sonst zu glatt sein könnten

Ein guter Magnesiabeutel (oder Chalkbag)

- ist groß genug, daß die Hand mühelos hineingleitet,
- hat einen guten Verschluss, der das Puder zurückhält,
- ist ziemlich robust,
- hat einen verstärkten Rand, der ihn beim Klettern offenstehen lässt,
- hat ein Futter aus Faserpelz oder ähnlichem, das das Puder gut auf der Hand verteilt.

Eine Warnung

Benutzen Sie Magnesia zurückhaltend – viele Kletterer übertreiben es und benutzen es als psychologische Hilfe, und nicht nur zum Trocknen der Hände. Es kann die Felsen unansehnlich machen und ist in manchen Gegenden (wie etwa im Elbsandsteingebiet und in Fontainebleau) verboten. Respektieren Sie diese Verbote – oft hängt das Betretungsrecht für Klettergebiete davon ab, dass die Kletterer solche Regeln kennen und respektieren, auch wenn sie unsinnig oder lästig erscheinen (siehe Seiten 90–91). Sowohl im Elbsandstein wie auch in Fontainebleau gibt es gute, praktische Gründe für das Verbot; der poröse Sandstein wird immer glatter, wenn er sich mit Magnesia zusetzt – zum Schaden der Kletterer selbst.

Magnesia ist sehr hilfreich, aber man sollte es sparsam einsetzen.

Der Klettergurt

Das nächste grundlegende Ausrüstungsteil ist der Klettergurt, und auch hier gibt es verschiedene Varianten. Allgemein wird der Hüftgurt – mit einem Hüftgürtel, Beinschlaufen und einem Einbindesystem (siehe Abbildung A) dem Komplettgurt (Abbildung B) vorgezogen.

Es ist kein Fehler, etwas Geld in einen gut sitzenden, komfortablen Gurt zu investieren. Keine Kompromisse – es könnte schließlich sein, dass man irgendwann eine ganze Weile in seinem Geschirr »abhängt«! Wer sich noch im Wachstum befindet oder beabsichtigt, bei verschiedensten Wetterbedingungen zu klettern (zum Beispiel in Shorts im Sommer und mit warmen Überhosen im Winter) sollte einen Gurt mit verstellbaren Beinschlaufen nehmen. Bei vielen Gurten ist das nicht möglich.

Nehmen Sie sich die Zeit, einen guten Gurt zu finden. Stellen Sie sicher, dass der gewählte Gurt straff, aber noch komfortabel über den Hüftknochen in der Taille sitzt, sodass Sie nicht herausrutschen können – auch nicht kopfüber (siehe Sicherheitshinweis auf der nächsten Seite). Bestehen Sie darauf, im Laden verschiedene Gurte auszuprobieren und hängen Sie sich für ein oder zwei Minuten in jedes Geschirr, um zu sehen, wie es sich anfühlt. Die Aufgabe des Klettergurts ist es, Sie sicher und fest zu halten und den Druck, der bei Stürzen, beim Ausruhen in einer Route oder beim Abseilen entsteht, auf die größtmögliche Körperfläche zu verteilen.

Die besten Klettergurte

- haben einen gut gepolsterten Hüftgurt und Beinschlaufen, um den Komfort und den Halt zu verbessern.
- haben Beinschlaufen, die sich unabhängig vom Hüftgurt bewegen lassen.
- haben stabile Schnallen, die den Hüftgurt nach dem Zurückstecken (siehe nächste Seite) sicher fixieren.
- haben Verstellmöglichkeiten, um die Beinschlaufen dichter zum Hüftgurt oder weiter unten zu positionieren.
- haben gut angeordnete, stabile Materialschlaufen, in die man seine Sicherungsmittel einhängen kann.

A

B

***A** Voll verstellbare Sitzgurte (siehe oben) werden von Bergsteigern und extremen Kletterern benutzt, die die Gurte an verschiedenste Bekleidungsschichten anpassen müssen – oder in Kletterzentren, wo verschiedene Leute den selben Gurt benutzen. Die meisten Kletterer benutzen aber nicht verstellbare Sitzgurte (siehe Seiten 37 und 55), weil sie oft leichter sind und besser sitzen als die verstellbaren.*

***B** Komplettgurte werden selten eingesetzt, außer bei alpinen Klettereien mit Gletscherquerungen und eventuellen Spaltenbergungen, im industriellen Zusammenhang und bei kleinen Kindern, die mangels Taille aus den üblichen Gurten herausrutschen können.*

Gurtposition

Wenn Sie einen Gurt mit verstellbaren Hüft- und Beinschlaufen benutzen, sollten Sie zuerst den Hüfgurt oberhalb(!) der Hüfte zuziehen, bevor Sie die Beinschlaufen einstellen – ansonsten sitzt der Gurt cowboymäßig tief, wie unten zu sehen. Vermeiden Sie das auf jeden Fall!

Zurückstecken des Hüftgurts

Eine ganze Reihe erstklassiger, erfahrener Kletterer sind – genau wie viele Anfänger – zu Schaden gekommen, weil sie das Ende des Hüftgurts nicht durch die Schnalle zurücksteckten. Das passiert leicht, wenn der Kletterer beim Anlegen des Gurtes abgelenkt wird. Stellen Sie sicher, dass Sie den Gürtel jedes Mal zurückstecken, wenn Sie das Klettergeschirr anlegen (siehe Abbildungen 1 und 2).

1

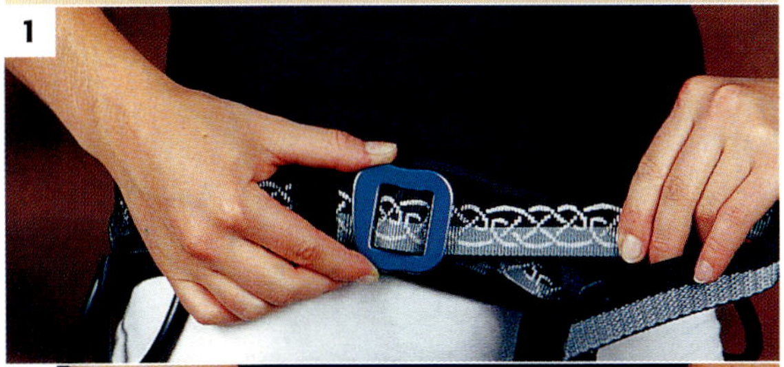

2

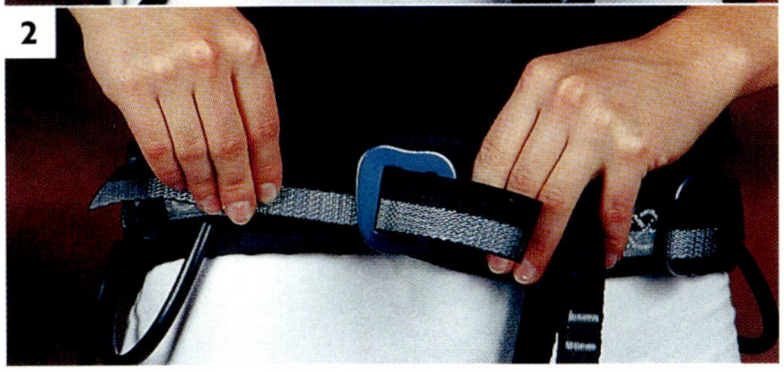

UIAA und CE-Siegel

Nahezu die gesamte Kletterausrüstung – Gurte, Karabinerhaken, Seile, Bandschlingen, Sicherungs- und Abseilgeräte, Helme und andere Schutzausrüstung – sollten ein UIAA oder CE-Prüfzeichen oder gleich beide haben!

Die UIAA (Union Internationale des Associations d' Alpinisme) setzt Standards für die Kletterausrüstung, die zumindest ein Minimum an Sicherheit garantieren. Das UIAA-Zeichen besagt, dass ein Ausrüstungsteil nicht nur im Labor, sondern auch im Klettereinsatz geprüft worden ist.

CE ist eine europäische Norm für »Persönliche Schutzausrüstung« – zu der das meiste Kletterequipment gerechnet wird. Das »CE ISO 9002«-Gütesiegel kennzeichnet zwar nur einen Qualitätssicherungsstandard, aber der ist ausgesprochen streng. Ein Ausrüstungsteil mit UIAA- und CE-Markierung erfüllt die entsprechenden Normen. Alle Produkte mit dem CE-Gütesiegel werden mit verständlicher Bedienungsanleitung und Sicherheitshinweisen geliefert. Man sollte diese Beipackzettel nicht ignorieren – es stehen viele nützliche Informationen darin.

Achten Sie beim Kauf aller Arten von Kletterausrüstung auf die internationalen Prüfzeichen. Sie besagen, dass die Teile den Normen entsprechen.

Karabinerhaken

Karabinerhaken, meist nur Karabiner genannt, werden benutzt, um den Kletterer mit Seilen, Abseilgeräten, Bandschlingen und Sicherungen im Fels zu verbinden. Es gibt zwei Haupttypen: Schraub- und Schnappkarabiner (auch als Verschluss- und Normalkarabiner bezeichnet). gleichbedeutend mit einer Gewichtskraft von ungefähr 100 Gramm. Das bedeutet, dass ein Karabiner eine Traglast von 1.000 bis 4.000 Kilo aushält. Dies gilt aber nur bei einer Belastung in Längsrichtung – werden sie seitlich mit offenem Schnapper belastet, kann ihre Tragkraft auf Werte zwischen 100 und 700 Kilo absinken.

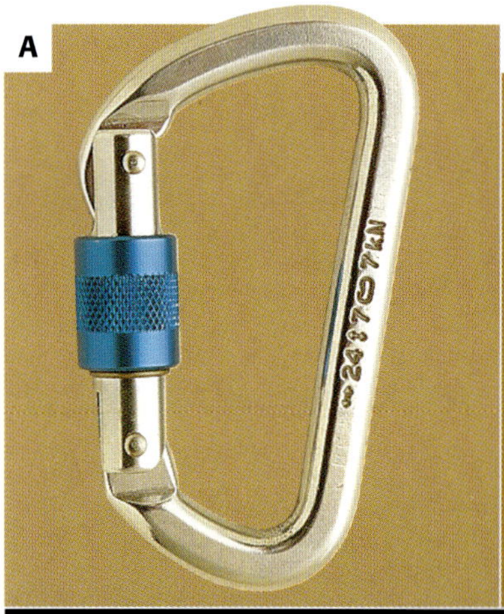

A *Eine Schraubsicherung verschließt diesen Karabiner*

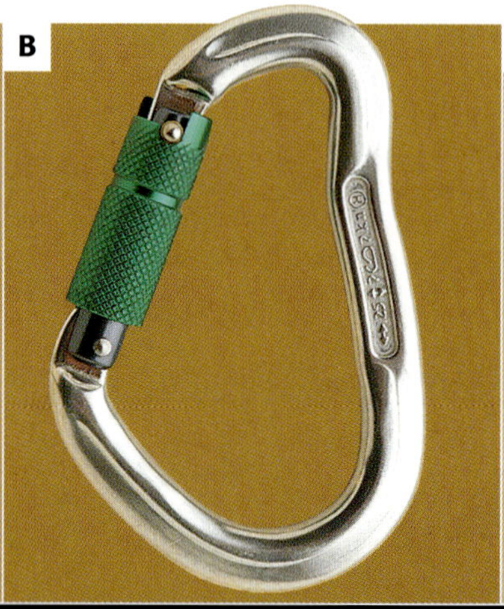

B *Dieser Karabiner ist selbstsichernd*

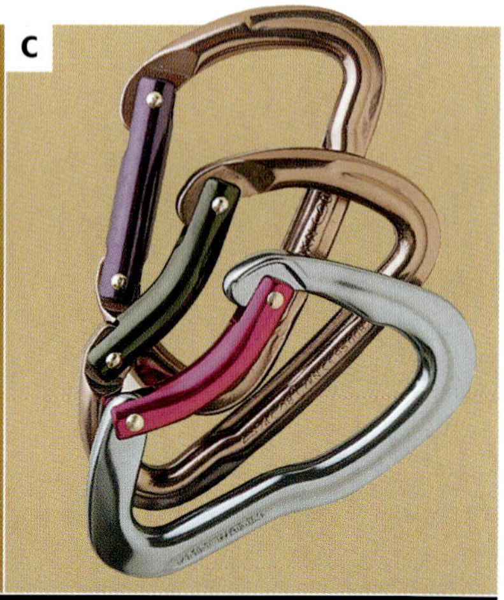

C *Kletterkarabiner gibt es mit geradem und gebogenem Schnapper*

Schraub- und Verschlusskarabiner

Um das Seil am Klettergurt zu befestigen, oder wo immer ein einzelner Karabinerhaken benutzt wird, der unterwegs geschlossen bleibt, benutzt man einen Schraub- oder Verschlusskarabiner. Manche Verschlusskarabiner müssen von Hand zugeschraubt werden, bei anderen rastet die Sicherung selbst ein. Selbstsichernde Karabiner sind nützlich, weil man nicht vergessen kann, ihren Schnapper zu blockieren. Man sollte darauf achten, dass der Mechanismus immer sauber ist, da er sonst versagen kann.

Manche Karabiner haben Schnapper aus Draht anstelle massiven Metalls – sie sind dennoch genauso haltbar. Der Drahtschnapper wird eingesetzt, um das Risiko versehentlichen Öffnens zu reduzieren. Beim Sturz, wenn das Seil durch den Karabiner rast, kann der Schnapper sich theoretisch durch Vibrationen öffnen und das Seil aushängen. Ein Drahtschnapper ist leichter und daher weniger vibrationsanfällig, was ihn möglicherweise sicherer macht.

Schnappkarabiner

Schnappkarabiner werden benutzt, um das Seil in Bandschlingen oder Sicherungen einzuhängen. Sie sind nicht so sicher wie Verschlusskarabiner, aber einfacher zu benutzen, wenn man nur eine Hand frei hat.

Karabinerklassen

Karabinerhaken werden je nach Tragkraft in kN (Kilonewton) in Klassen eingeteilt, wobei die Bandbreite normalerweise von 10 kN bis 40 kN reicht. Ein Newton ist

Karabinerpflege

Um sie so leicht wie möglich zu machen, werden Karabinerhaken aus Aluminiumlegierungen hergestellt. Unglücklicherweise neigt dieses Material zu Rissen und zur Korrosion im Zusammenhang mit Salzwasser. Karabiner kann man in Seifenlauge waschen und dann gut abspülen. Zum Trocknen funktionieren Druckluft oder auch ein Haartrockner gut. Etwas Silikonspray sorgt für geschmeidige Funktion des Schnappers. Benutzen Sie kein Öl, denn das kann Seile, Gurte und andere Nylongewebe schädigen.

Fallengelassene Ausrüstung

Jeder Karabiner oder jedes andere Ausrüstungsteil aus Metall oder hartem Kunststoff, dass aus einer bestimmten Höhe heruntergefallen ist, muss mit Vorsicht betrachtet und im Zweifelsfalle aussortiert werden. Unsichtbare Risse und Anbrüche, die irgendwann zum Versagen führen, könnten aufgetreten sein.

Karabiner sind die Schnittstelle zwischen Kletterer und Sicherung.

Querbelastungen von Karabinern

Die Gewichtskraft, unter der ein Karabiner bei Belastung auf dem Schnapper versagt, kann lediglich 100 Kilo betragen – man sollte derartige Belastungen unter allen Umständen vermeiden (siehe rechtes Bild). Checken Sie außerdem jeden Karabiner, den Sie benutzen, auf das CE oder UIAA-Prüfzeichen – die Union Internationale des Associatons d'Alpinisme setzt weltweit die Normen für Kletterausrüstung (siehe Seite 23). Manche besonders leichten Spezialkarabiner tragen kein Prüfzeichen und könnten unter Belastung versagen.

Sicherungs- und Abseilgeräte

Es gibt zwar viele Arten dieser Geräte, aber alle dienen demselben Zweck: Reibung zu erzeugen, während das Seil durch sie hindurchläuft, und so das Seil im Fall eines Sturzes, beim Herablassen oder Abseilen zu bremsen. Die Bremskraft entspricht der Maximalkraft, die ein durchschnittlich kräftiger Erwachsener bei der Bedienung erzeugen kann, ohne dass Seil durch das Sicherungsgerät läuft. – Der niedrigste Wert wird mit einem dünnen, geschmeidigen Seil erzielt, der höchste mit einem dicken, starren Seil.

Es gibt vier Grundformen: Der Abseilachter (100 bis 280 kgf), Tuber (100 bis 250 kgf), Stichtbremse (100 kgf≈1kN) (100 bis 250 kgf) und Grigri (statisch); jedes davon hat Vor- und Nachteile. Zur Sicherung im Vorstieg wird häufig auch die Halbmastwurfsicherung mit einem Schraubkarabiner (siehe Seite 41) eingesetzt.

Warnhinweis

Bei Geräten wie dem Grigri ist es zu Unfällen mit ungeübten Benutzern gekommen (zieht man den Hebel ganz zurück geht die Bremskraft gegen Null und der Kletterer fällt auf den Boden). Es haben sich schwere Unfälle mit Sichernden ereignet, die instinktiv oder in Panik den Hebel in der geöffneten Positon arretiert haben. Vergewissern Sie sich, dass ihr Partner mit dem Grigri umgehen kann!

Name	Beschreibung	Vorteile	Nachteile
Der Abseilachter 	■ Das verbreiteteste Gerät, insbesondere bei Sportkletterern und Anfängern. Sie werden überwiegend als Abseilgerät eingesetzt, dienen aber auch der Sicherung.	■ preiswert ■ einfach zu benutzen ■ hervorragend zum Abseilen an Einzel- oder Doppelseilen ■ kann bei Einfachseilen recht gut zum Sichern eingesetzt werden	■ ziemlich groß und schwer ■ kann beim Sichern oder längeren Abseilstrecken zum Krangeln des Seils führen ■ geringe innere Reibung, daher für Anfänger weniger zum Sichern geeignet
Der »Tuber« 	■ Ein guter Kauf, sehr vielseitig und empfehlenswert (Das abgebildete Exemplar ist der verbreitete DNM Bug.)	■ relativ preiswert ■ leicht ■ geschmeidiges Sichern an Einfach- oder Doppelseilen ■ zum Abseilen geeignet ■ kann mit einem kurzen Stück Reepschnur am Gurt vor dem Herabfallen gesichert werden	■ wegen großer Hitzeentwicklung nicht für lange, schnelle Abseilfahrten geeignet ■ funktioniert beim Abseilen nicht immer störungsfrei

Name	Beschreibung	Vorteile	Nachteile
Stichtbremse 	■ Ähnelt dem »Tuber«, unterscheidet sich aber in der Handhabung. Das Gerät kann auf zwei Arten eingesetzt werden, von denen diejenige mit weniger Reibung beim Sichern und Abseilen geschmeidiger funktioniert, und die andere höhere Sturzlasten bremst.	■ preiswert ■ einfach zu benutzen ■ zum Abseilen am Einfach- und Doppelseil gut geeignet ■ effiziente Sicherung an Einfach- oder Doppelseilen	■ wegen zu großer Hitzeentwicklung nicht für lange, schnelle Abseilfahrten geeignet ■ ruppiges Abseilverhalten bei nassem oder steifem Seil
Betterbrake 	■ Eine Bremsplatte ohne Feder.	■ siehe oben ■ Bremsplatten mit eingebauter Feder ergeben ein besseres Handling, vor allem beim Sichern und Abseilen mit Doppelseilen	■ siehe oben ■ Achtung: Verwenden Sie nie die Methode mit zusätzlich eingehaktem Karabiner, wenn der Vorsteigende weit stürzen könnte! Sie reduziert die Bremskraft um bis zu einem Drittel.
Automatische Sicherungsgeräte (Grigri und ähnliche) 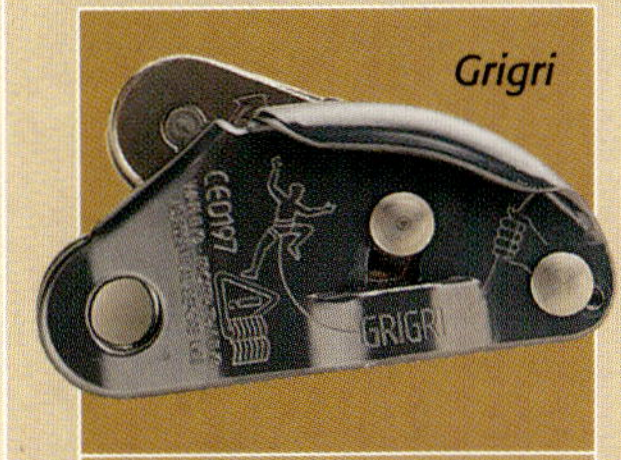 *Grigri* 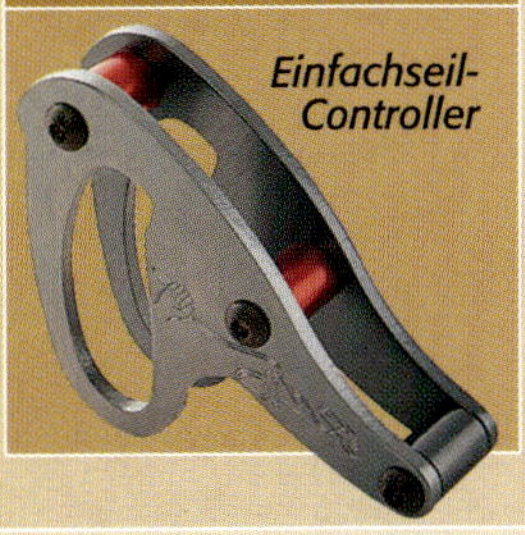 *Einfachseil-Controller*	■ Diese Geräte fangen einen stürzenden Kletter, ohne dass man die Hände benutzen muss. Insofern geben sie auch dann Sicherheit, wenn der Sichernde beim Sturz des Vorsteigers abgelenkt ist. Beim Sportklettern, wo kurze Stürze üblich sind, sind sie verbreitet. Sie stoppen den Seildurchlauf unter Last automatisch und nehmen daher etwas (aber nicht alle) Verantwortung vom Sichernden.	■ schließen selbsttätig unter Last ■ können am Einfachseil zum Abseilen benutzt werden ■ brauchen wenig Handkraft beim Fangen eines Sturzes und sind deshalb für weniger kräftige Sichernde nützlich	■ sie sind teuer, vor allem das Grigri ■ schwer und sperrig ■ funktionieren nur an Einfachseilen mit mindestens 10 Millimetern Durchmesser ■ beim Einfädeln des Seils in das Gerät kann man leicht fatale Fehler machen

Das Seil

Lässt man sich ernsthaft aufs Klettern ein, wird das Seil schnell zum wichtigsten Ausrüstungsgegenstand und gemeinsamen Bestandteil aller Spielarten, ausgenommen das »Free Solo«. Das Seil ist im Falle eines Falles die Rettungsleine, es ist der Ruhepunkt, wenn man mit einer schwierigen Stelle kämpft, es sichert den Weg nach unten und nach oben. Kletterseile sind High-Tech-Produkte, die man sorgfältig auswählen und pfleglich behandeln sollte.

Statische versus dynamische Seile

Grundsätzlich gibt es zwei Arten von Seilen: statische und dynamische; beides sind Kernmantelkonstruktionen. Statische Seile dehnen sich kaum, haben einen stabilen Mantel und eine feste Webart. Normalerweise werden sie in der Höhlenforschung (wo Steigklemmen zum Einsatz kommen) benutzt, zum Abseilen, als Fixseile bei hohen Gipfeln oder zum Nachziehen der Materialsäcke beim Bigwall-Klettern. Die meisten statischen Seile sind weiß mit eingewebten bunten Markierungesstreifen. Es gibt sie auch in grün oder schwarz, meistens für militärische Zwecke.

Dynamische Seile sind »beweglich«. Sie haben dank ihrer Elastizität eine hohe Energieabsorption – angesichts einer Dehnbarkeit von bis zu 30 Prozent kann man (theoretisch) mit einem 50-Meter-Seil über 65 Meter tief stürzen. Mit der Seilalterung lässt die Elastizität nach,und damit auch die Fähigkeit, Stürze abzufangen.

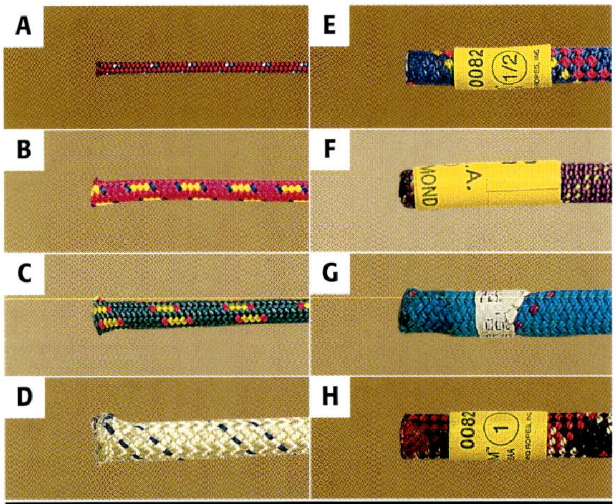

A *Dünne Reepschnur*
B *Dünne Reepschnur*
C *Dickere Reepschnur*
D *Statisches Seil*
E *Dynamisches 9-Millimeter-Seil*
F *Dynamisches 9,5-Millimeter-Seil*
G *Dynamisches 10-Millimeter-Seil*
H *Dynamisches 11-Millimeter-Seil*

Kernmantelseile

Kernmantelseile haben einen Kern aus verzwirnten Fasern, der von einem Mantel aus geflochtenen Fasern aus einem etwas anderem Material umhüllt wird. Jede einzelne Faser zieht sich durch die gesamte Länge des Seils. Kernmantelseile werden in verschiedenen Durchmessern hergestellt, von wenigen Millimetern bis hin zu etwa 2 Zentimetern, und es gibt sie in allen erdenklichen Längen, bis hin zu mehreren Kilometern. Durch die Eigenschaften der Fasern, den Durchmesser des Seils und die Art der Ummantelung haben Seile unterschiedliche Handhabungseigenschaften und sind unterschiedlich stark, dehnbar und abriebfest. Die meisten Seile sind aus Nylon, Perlon oder ähnlichen Polyamidfasern gemacht.

Ein modernes Kernmantelseil ist komplex aufgebaut

Der Kern des Seils ist üblicherweise weiß und ungefärbt, da die Färbung die Haltbarkeit der Faserbündel (geringfügig) herabsetzen kann. Der Kern ist zu 90 Prozent für die Zugkraft eines Seils verantwortlich. Der äußere Mantel ist dagegen in vielen Farben erhältlich, die der Sichtbarkeit des Seils dienen und schädliche UV-Strahlen absorbieren. Außerdem trägt der Kontrast zwischen dem farbigen Mantel und dem weißen Kern dazu bei, Abrieb oder Schnitte im Seil zu erkennen.

Reißfestigkeit

Die wichtigste Aufgabe des Kletterseils ist die Aufnahme von Energie, entweder aus einem Sturz oder beim Abseilen. Um das zu leisten, dehnt und verbiegt es sich, bis hinunter auf die Molekülebene. Kernmantelseile können große Lasten aufnehmen – von 10 kN (Kilonewton; 1 kN entspricht einer Gewichtskraft von etwa 100 Kilo) in 8,5 Millimetern Stärke bis zu 30 kN in 11 Millimetern Stärke. Dies sind statische Belastungen, heißt: Das Seil wird schrittweise bis zum Bruch belastet. In dynamischen Situationen wie etwa beim Klettern sind Seile schockartigen Belastungen und Peitscheneffekten ausgesetzt, sie verlaufen über scharfe Kanten und vibrieren bei der Aufnahme von Sturzenergie wie eine Gitarrensaite. Diese Belastungen verringern ihre maximale Bruchlast – bisweilen drastisch. Daher ist es beruhigend zu wissen, dass Seile bei normalem Gebrauch trotzdem fast nie reißen.

Lässt man sein Seil nach einem kleinen Sturz für etwa eine halbe Stunde unbelastet, nimmt es allmählich wieder fast seine normale Länge und Konsistenz an, auch wenn einige der feinen Filamente in seinem Inneren gerissen sind. Wer seinem Seil nach Stürzen diese »Erholungspausen« gönnt, verlängert damit seine Nutzungsdauer.

Der Seilkauf

Seile werden in verschiedenen Durchmessern angeboten. am gebräuchlichsten sind 9, 10,5 und 11 Millimeter.

9-Millimeter-Seile werden gemäß der UIAA-Norm als Halbseile bezeichnet, was bedeutet, dass sie nur dann als sicher gelten, wenn zwei Seile gleichzeitig benutzt werden. Die Banderole am Seilende enthält die Markierung »$^1/_2$«.

Das Klettern mit zwei Halbseilen erlaubt es dem Vorsteiger, Sicherungen außerhalb der direkten Aufstiegslinie zu plazieren, ohne dabei unnötige Seilreibung zu erzeugen, da er oder sie eines der beiden Seile auf einer Seite der Route einhängen kann, das andere auf der anderen. Mit zwei Halbseilen lassen sich außerdem längere Abseilstrecken realisieren als mit einem Einfachseil.

10,5- und 11-Millimeter-Seile werden als Einfachseile bezeichnet und sind an der Banderole mit einer »1« markiert. Sie sind beim Sportklettern beliebt, oder bei Routen, die nicht wesentlich von einer geraden Aufstiegslinie abweichen.

Kaufen Sie ein Seil

- das Ihrem bevorzugten Kletterstil entspricht – zwei Halbseile bei überwiegender Alpinkletterei, ein Einfachseil zum Sportklettern.
- das die richtige Länge hat. 50 Meter sind üblich, doch auch 60-Meter-Seile sind verbreitet.
- das Ihnen vom Handling zusagt. Dabei muss die Balance gefunden werden zwischen Geschmeidigkeit, Knotbarkeit und leichtem Aufnehmen (die sich aus einem loseren Mantel ergeben) und der Abriebfestigkeit, die ein festerer Mantel bewirkt.
- das wetterfest ist – vor allem, wenn Sie häufig in nassen Gegenden oder in Schnee und Eis klettern. Sogenannte »Everdry«-Seile sind mit Teflon oder Silikon imprägniert, das Wasser am Eindringen hindert und so verhindert, dass das Seil zu schwer wird.

Statische Seile

Statische Seile haben eine geringe Energieaufnahme und sind nicht geeignet, um Stürze aufzufangen, die man im Vorstieg riskiert, oder falls beim Toprope-Klettern Stürze von mehr als einem halben Meter Fallhöhe auftreten können. Diese Seile übertragen unakzeptabel hohe Kräfte auf die Sicherungen und den Kletterer. Benutzen Sie diese Seile nie im Vorstieg – ein Sturz damit könnte Ihnen das Genick brechen!

Eine Auswahl von Kletterseilen

Seilpflege

Das Seil ist Ihre Lebensversicherung – behandeln Sie es gut! Meiden Sie scharfe Kanten, da Seile sehr schnittanfällig sind, insbesondere unter Last. Vermeiden Sie unnötige UV-Strahlung (die Sonne hat eine Menge davon) und lassen Sie das Seil nicht auf der Hutablage im Auto liegen. Chemikalien sind gefährlich, vor allem Säuren (wie in der Autobatterie) oder Laugen (wie in Taschenlampenbatterien). Sand und Dreck im Seil schneiden die dünnen Fasern allmählich durch. Treten Sie daher nicht auf das Seil (und Ihr Partner auch nicht). Seile sollten gelegentlich ohne Seife mit handwarmem Wasser gewaschen werden. Das geht auch in der Waschmaschine. Trocknen Sie das Seil an einem kühlen Ort oder, wenn die Zeit drängt, auf der niedrigsten Stufe im Wäschetrockner. Ein Seilsack kann eine wertvolle Investition sein; dieses nützliche Teil schützt das Seil vor UV-Strahlung, Sand, Chemikalien und Scheuern.

Ein Seilsack ist eine gute Investition.

Ein guter Seilsack

- lässt sich für leichten Zugriff aufs Seil komplett öffnen
- hat stabile Packgurte und auch Schultergurte, um das Seil leicht tragen zu können
- hat kleine Bänder, die das Seilende fixieren, um Seilsalat zu verhindern
- hat eine Materialtasche für Kletterschuhe, den Magnesiabeutel, Bandschlingen und anderen Kleinkram
- lässt sich zu einer großen Bodenplane ausklappen, auf der man sein Seil vor dem Klettern ausbreiten kann

Helme

Traurigerweise denken viele Kletterer, dass Helme trotz ihrer unzweifelhaften Sicherheitsvorteile nicht »cool« sind. Solange man beim Sportklettern ist, geht das auch in Ordnung, vorausgesetzt, der Fels ist kompakt und der Sichernde (siehe Seite 42) ist wachsam! Beim alpinen Klettern ist das Helmtragen allerdings eine ziemlich wichtige Sache, da die Stürze oft länger und schwerer sind als beim Sportklettern. Zudem können dem Sichernden losgetretene Steine und fallengelassenes Material entgegenfallen.

Ein guter Kletterhelm wie dieses gut belüftete Carbonfaser-Modell sollte eigentlich immer getragen werden.

Ein guter Kletterhelm

- hat einen komfortablen, gut sitzenden inneren Ring, der ihn an Ort und Stelle hält
- hat einen gut sitzenden Kinnriemen, der den Helm auch bei heftigen Kopfbewegungen sicher sitzen lässt
- hat vorne höchstens einen kleinen Schirm, um den Blick nach oben nicht zu behindern
- ist leicht, ohne dabei Sicherheitskompromisse zu erfordern
- schützt den Kopf auch bei seitlichem Aufprall
- ist belüftet

Ausrüstung: Allgemeine Tipps zur Pflege

Textile Teile

Beschädigungen sind hier normalerweise leicht zu erkennen. Alle Seile, Geschirre, Bandschlingen, Riemen und Gewebe (normalerweise aus Nylon oder anderem Polyamid) nehmen mit der Zeit Schaden. Scheuerschäden sind normalerweise leicht zu erkennen, da die Teile sichtbar verschlissen, angeschmolzen oder eingeschnitten sind. Textile Ausrüstung, die stark entfärbt ist (ein Zeichen für UV-Belastung oder chemische Schäden) oder deutlich steifer oder weicher als im Neuzustand ist, sollte ausgemustert werden. Alle derartigen Teile müssen nach einem schweren Sturz aussortiert werden.

Metallische Teile

Auch die metallischen Ausrüstungsgegenstände altern – und das nicht nur, wenn sie eingekerbt, gesplittert oder aus großer Höhe abgestürzt sind. Die meisten modernen Sicherungsteile sind aus Aluminium, das seine Molekülstruktur im Laufe der Zeit ändern kann und dabei brüchig wird. Das bedeutet, dass Schäden an diesen Metallteilen nicht immer sichtbar sind – hier ist Vorsicht geboten.

Die metallischen Ausrüstungsteile können in kaltem oder handwarmem Seifenwasser gewaschen werden und entweder von Hand abgetrocknet werden oder in einem gut gelüfteten Raum von selbst trocknen. Bewegliche Teile sollten mit einem Mittel auf Silikonbasis geschmiert werden. Benutzen Sie nie Öle oder Fette, da diese das Polyester- oder Nylonmaterial von Klettergurten, Seilen, Bändern und Schlingen angreifen können, die damit in Berührung kommen.

Die Nutzungsdauer

Bei textilen Teilen geht man normalerweise von einer Lebensdauer von etwa fünf Jahren nach dem Kauf aus, falls sie nie unter »schlechten Bedingungen« benutzt oder gelagert wurden. Die metallischen Teile sollten unter idealen Bedingungen etwa zehn Jahre halten. Doch alle diese Einschätzungen können ziemlich akademisch sein – ein schwerer Sturz oder etwas Sprit aus einem undichten Benzinkocher im Kofferraum, und das gesamte Material ist reif für einen Austausch. Die goldene Regel lautet: Du sollst dein Material kennen! Merken Sie sich die Stürze und wie das Material behandelt wurde. Denken Sie dabei auch an eventuelle Zeiten, in denen das Material verliehen war.

Second-hand-Ausrüstung

Die hohen Kosten für neue Kletterausrüstung führen in die Versuchung, gebrauchtes Material zu kaufen. Bevor man das tut, sollte man die gesamte »Lebensgeschichte« der Stücke kennen, und man sollte dem Verkäufer vertrauen können. Finden Sie heraus, wie und wo die Sachen gelagert waren, warum der Besitzer sie verkaufen will, und wie alt sie sind. Ihr Leben – und das Anderer – könnte davon abhängen!

Markierungen

Die meisten Hersteller empfehlen, keinerlei Markierungen auf ihren Produkten anzubringen. Was könnte man aber sonst tun, um die Vermischung der Sachen mit dem Material Anderer oder Diebstähle zu verhindern? Normalerweise dürfte es sinnvoll sein, seine Sachen zu markieren.

- Vermeiden Sie bei der textilen Ausrüstung wasserfeste Filzschreiber oder Lackfarben, da sie Lösungsmittel enthalten, die das Material angreifen können.
- Metallteile kann man mit Filzstift, Farbe oder farbigem Klebeband markieren. Klebeband hält zwar im rauen Klettereinsatz nicht allzu lang, doch wenn man es regelmäßig ersetzt, ist es eine gute Methode, sein Eigentum auf eine gut sichtbare Art zu markieren.
- Textile Ausrüstung lässt sich am besten mit gut sichtbarem Markierstift kennzeichnen, wenn man ihn auf nicht lebenswichtigen Teilen einsetzt und nicht auf belasteten. Markieren Sie nur die Enden des Seils oder der Sitzgurtriemen und benutzen Sie die Herstelleretiketten bei Bandschlaufen, Expressschlingen oder Helmen.
- Der Einsatz von Schlaglettern oder tiefe Gravuren können Metallteile strukturell schädigen. Zudem können Grate im Metall die weichen Fasern textiler Sicherungsmittel zerstören.

Seilkunde

Die meisten Kletterer benutzen Seile, doch meistens ist das Seil dabei nicht aktiv im Einsatz. Es ist einfach da, und manchmal ist es sogar lästig. Im Vorstieg zerrt man es hinter sich her, im Nachstieg folgt man ihm auf dem Weg nach oben, es bleibt an jeder Felsnase hängen, und scheinbar ist es immer im Weg. Wenn dann aber etwas passiert, ist man heilfroh, es bei sich zu haben.

Das Wichtigste, an das man beim Anseilen denken sollte, ist, dass jemand an einem Fehler sterben könnte. Egal, welchen Knoten man benutzt – man sollte in der Lage sein, ihn im heulenden Sturm, mit verbundenen Augen oder in einer schwankenden Baumspitze zu knüpfen. Üben Sie diesen Knoten immer und immer wieder, und zwar, bevor Sie sich einem Felsen auch nur nähern.

Anseilknoten

Jeder Knoten führt zu einem Festigkeitsverlust im Seil, weil das Seil sich dabei in einem kleinen Radius um sich selbst windet, und wegen der inneren Reibung, falls der Knoten durch einen Sturz oder einfach nur durch das Körpergewicht belastet wird. Manche Knoten verringern die Reißfestigkeit weniger als andere (siehe Seite 36). Doch keine Sorge – in der Praxis kommen Seilrisse kaum noch vor. Viel häufiger sind es die Verbindungen mit dem Fels, die versagen, etwa die Bandschlingen oder auch die Karabiner. Alle hier vorgestellten Knoten gelten als sicher, sofern sie korrekt geknüpft werden.

Ein Seil kann den Unterschied zwischen Leben und Tod ausmachen

Der Achterknoten **Zum Einbinden des Kletterers oder der Ausrüstung an jeder Stelle des Seils**

Vorteile

- Leicht zu knüpfen und leicht zu überprüfen – das Seil liegt im gesamten Knoten doppelt
- Auch mit zu vielen oder zu wenigen Umschlingungen ergibt er noch einen sicheren Knoten – entweder einen einfachen Sackstich oder einen Zehnerknoten
- Er kann an jedem Ende belastet werden
- Es ist ein haltbarer Knoten, der die Seilfestigkeit nur wenig verringert

Nachteile

- Kann nach Belastung schwierig zu lösen sein
- Kann nicht durch die Schlaufe eines Hüftgurtes geknüpft werden
- Die Schlaufenlänge ist schwer zu regulieren

Warnhinweise

Kann sich am Ende eines starren, dicken Seiles lockern. Immer einen Stopperknoten ins Seilende machen.

Stopperknoten oder Sicherungsschlag:
Bei Achterknoten und Bulinknoten knotet man das kurze Seilende dicht am Knoten mit einem einfachen Sackstich um das Seil.

Gesteckter Achterknoten **Zum Einbinden in den Klettergurt oder um einen Fixpunkt**

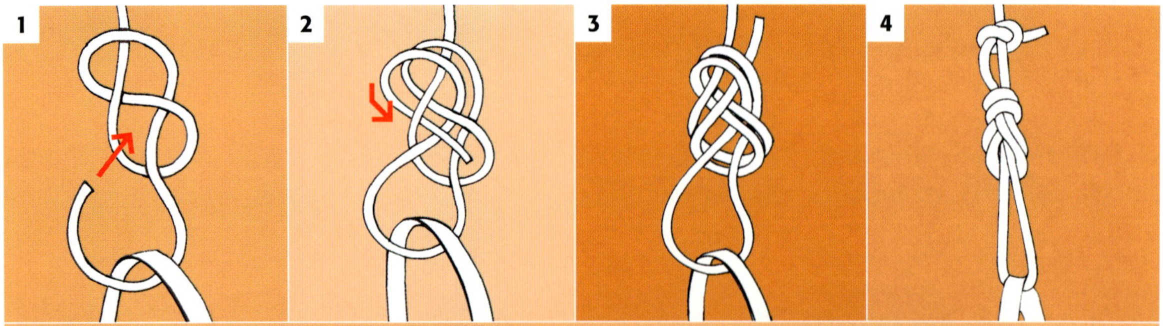

Vorteile

- Die gleichen wie beim normalen Achterknoten
- Kann in den Klettergurt oder beispielsweise um einen Baum gebunden werden

Nachteile

- Kann nach Belastung schwierig zu lösen sein
- Die Schlaufenlänge ist schwer zu regulieren
- Ist etwas sperrig

Warnhinweise

Es ist nicht immer einfach zu kontrollieren, ob der Knoten richtig geknüpft wurde

Bulinknoten **Zum Einbinden ins Seil oder an eine Sicherung**

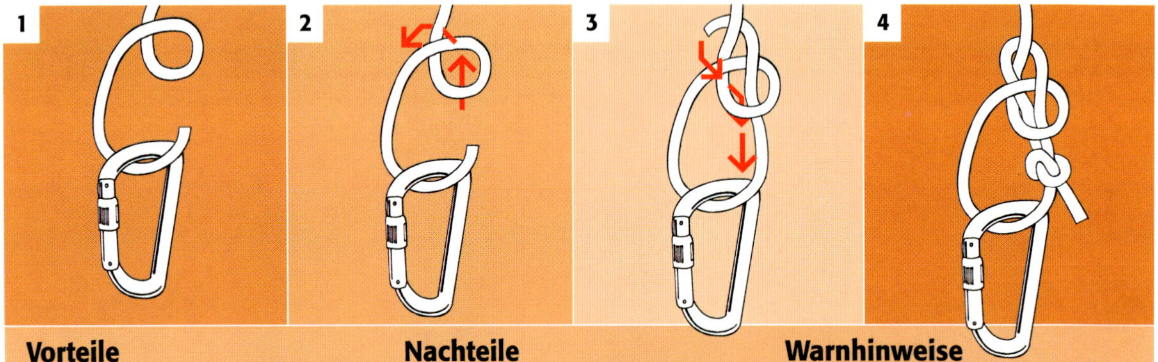

Vorteile

- Weniger sperrig als ein Achterknoten
- Nach Belastung leichter zu öffnen
- Schlaufenlänge und Festigkeit sind gut zu variieren

Nachteile

- Die korrekte Ausführung ist schwer zu überprüfen
- Sollte nicht in alle Richtungen belastet werden
- Verringert die Reißfestigkeit des Seils stärker als der Achterknoten
- Neigt dazu, sich zu lockern und sollte immer mit mindestens einem Sicherungsschlag gesichert werden
- Nur für Fortgeschrittene

Warnhinweise

Einfache Bulins lockern sich. Außerdem ist es leicht möglich, dass ein falsch geknüpfter Bulinknoten dennoch so lange hält, bis ein Kletterer in echte Schwierigkeiten gerät. Überprüfen Sie diesen Knoten sehr, sehr sorgfältig und benutzen Sie immer einen Sicherungsschlag!

Bandschlingenknoten **Der einzige sichere Knoten zur Verbindung von Bandmaterial**

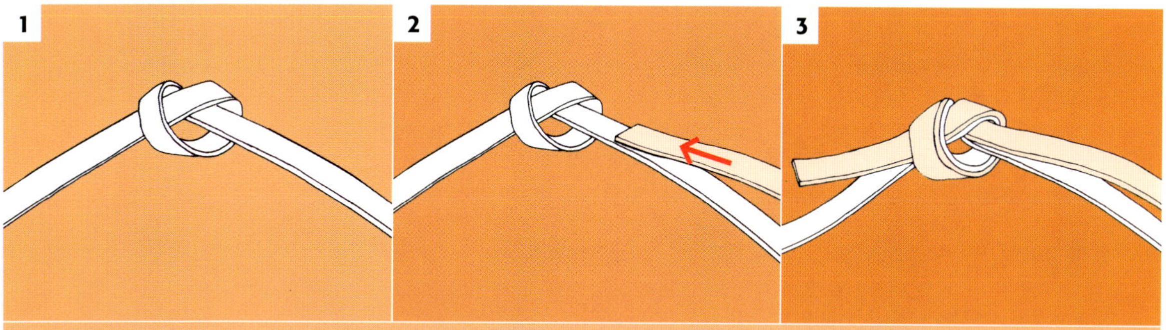

Vorteile

- Einfach zu knüpfen, Fehler fallen schnell auf
- Der einzige zuverlässige Knoten, um die Enden von Bandmaterial zu verbinden oder eine Bandschlinge zu knüpfen

Nachteile

- Verbraucht ziemlich viel Bandlänge
- Ergibt einen sperrigen Knoten
- Kann sich leicht lockern

Warnhinweise

Bandmaterial gleitet stark. Lassen Sie lange Enden (4–5 Mal die Breite des Bandes) überstehen und belasten Sie den Knoten mit dem Körpergewicht um zu sehen, ob die Enden durchrutschen. Im Zweifelsfall neu knüpfen.

Mastwurf **Zur Selbstsicherung am Standplatz, wenn einfache Längenverstellung wichtig ist.**

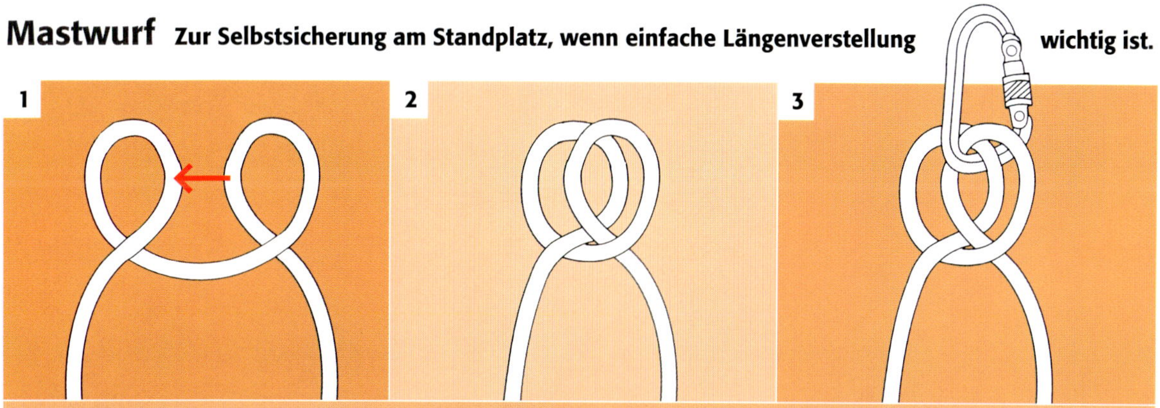

Vorteile

- Kann leicht und schnell geknüpft werden
- Kann an jeder Stelle des Seils geknüpft werden
- Kann an beiden Seilenden belastet werden
- Länge und Spannung des Seils können leicht verändert werden
- Nach Belastung leicht zu lösen

Nachteile

- Kann sich lockern
- Verringert die Reißfestigkeit des Seils beträchtlich

Warnhinweise

Vor Gebrauch gut festziehen, sonst läuft das Seil immer weiter. Nie als Einbindeknoten oder am einzigen Sicherungspunkt (etwa beim Toprope) verwenden

Doppelter Spierenstich **Zur Verbindung von zwei Seilenden**

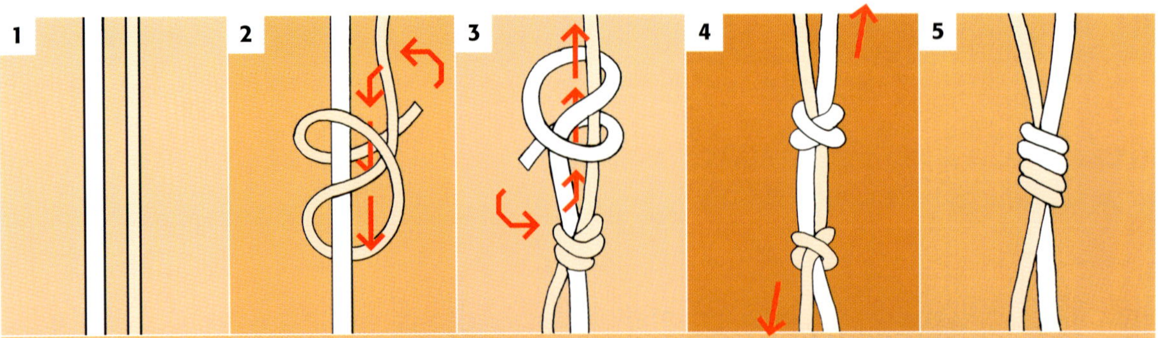

Vorteile

- Lockert sich kaum
- Korrektheit leicht zu kontrollieren
- Kann eingesetzt werden, um zwei Seilenden zu verbinden

Nachteile

- Verbraucht viel Seil – mindestens soviel wie der achtfache Seildurchmesser
- Ist sperrig
- Ist nach Belastung schwer zu lösen

Warnhinweise

Der Knoten wird leicht verkehrtherum geknüpft. Wenn er nicht richtig geknüpft wurde, ist er weniger sicher und verringert die Reißfestigkeit.

Durchschnittliche Knotenfestigkeiten

Prozentanteil, verglichen mit der Reißfestigkeit ungeknoteten Seils oder Bandes

Achterknoten:	**80%**
Bulinknoten:	**75%**
Mastwurf:	**65%**
Bandschlingenknoten:	**75%**
Sackstich:	**65%**
Doppelter Spierenstich:	**70%**

Drei Komponenten der Sicherheit

Wenn man sich oder andere mit dem Seil sichert, sind vor allem drei Dinge zu beachten: Das korrekte Einbinden, die Zuverlässigkeit der Sicherungspunkte und die korrekten Sicherungstechniken (siehe Seiten 40 bis 43). Beachten Sie diese Punkte immer!

Standplatzsicherungen sollten Zugkräfte in alle Richtungen aushalten – nach oben, unten oder zur Seite

Einbinden ins Seil

Für jeden Typ Klettergurt gibt es eine eigene Art des Einbindens (siehe unten). Sind Sie sich über die passende Methode unsicher, konsultieren Sie die Gebrauchsanweisungen oder den Händler. Allgemein empfiehlt es sich:

- den Knoten fest und dicht am Körper zu knüpfen
- einen Sicherungsschlag ins Seilende zu machen
- das überstehende Ende hinter dem Sicherungsschlag kurz zu halten

Einrichten eines Standplatzes

Klettert man mit Freunden und benutzt dabei ein Seil, ist es üblich, zwei Kletterer mit dem Seil zu verbinden – den Vorsteiger und den Nachsteiger – und einen oder mehrere Standplätze einzurichten. Kletterer sprechen oft von der »Sicherungskette« und meinen damit den Vorsteiger, das Seil, den Sichernden und alle Befestigungspunkte zum Fels. In diesem Zusammenhang bewährt sich die Weisheit »Eine Kette ist immer nur so stark wie ihr schwächstes Glied« wirklich. Die Fixpunkte sollten ebenso »bombensicher« sein wie die Verbindungen von dort zum Seil.

Lastausgleich zwischen Fixpunkten

Um bei Haken oder anderen Sicherungen die auftretenden Kräfte auf mehrere Punkte zu verteilen, kann man Bandschlingen verwenden oder das Seil mit einem Achterknoten in den höchsten Punkt einknoten und mit Mastwurfknoten mit den anderen Punkten verbinden.

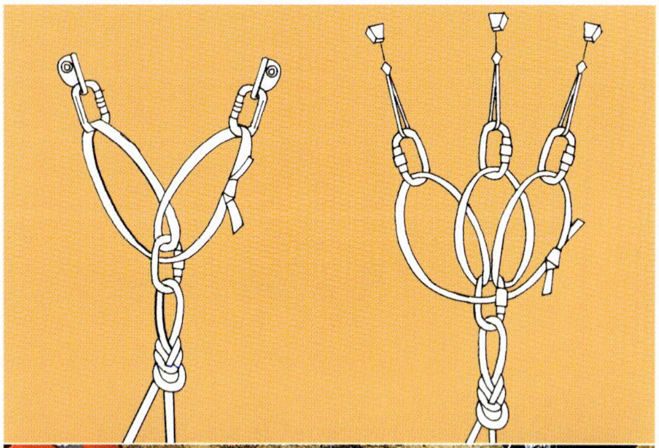

Lastausgleich zwischen zwei oder drei Fixpunkten mit einer Expressschlinge.
Darüber: Einsatz einer Bandschlinge zur gleichzeitigen Sicherung an drei Fixpunkten.

Standplatzsicherung mit einer Reepschnur

Eine andere verbreitete Technik bei der Standplatzeinrichtung ist der Einsatz einer Reepschnurschlinge. Die besteht aus fünf bis sechs Metern zugfester 7-Millimeter-Reepschnur, die zu einer großen Schlinge verbunden ist. Man klinkt die Schlinge in alle Befestigungspunkte ein, zieht die Schlaufen an einem gemeinsamen Punkt zusammen, verbindet sie alle mit einem gemeinsamen Achterknoten und hängt sich mit dem Karabiner ein. Diese simple Methode garantiert eine halbwegs gleichmäßige Belastung der Fixpunkte.

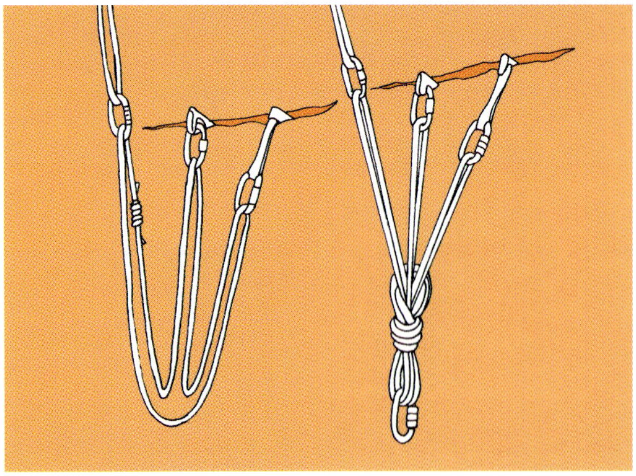

Gefährliches Kräftedreieck

Mit dem Winkel zwischen zwei Fixpunkten wächst die Last auf den einzelnen Punkt. Beträgt der Winkel nahe 180 Grad, ist die Last gefährlich hoch – ein Winkel von maximal 90° ist okay.

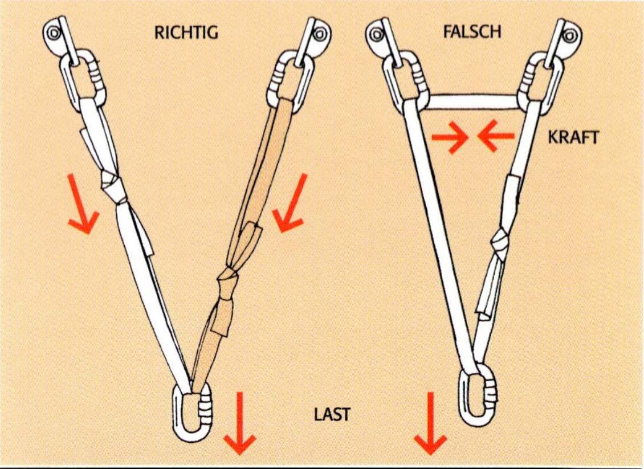

Denken Sie beim Einsatz von Schlingen immer an die Kraftrichtung. Links: Fassen Sie beim Einsatz einer Reepschnurschlaufe alle Schlingen in einem Achterknoten zusammen und vergewissern Sie sich, dass die Last zwischen den Fixpunkten gleich verteilt ist.

Die Seilschaft (bei einer Route mit mehreren Seillängen)

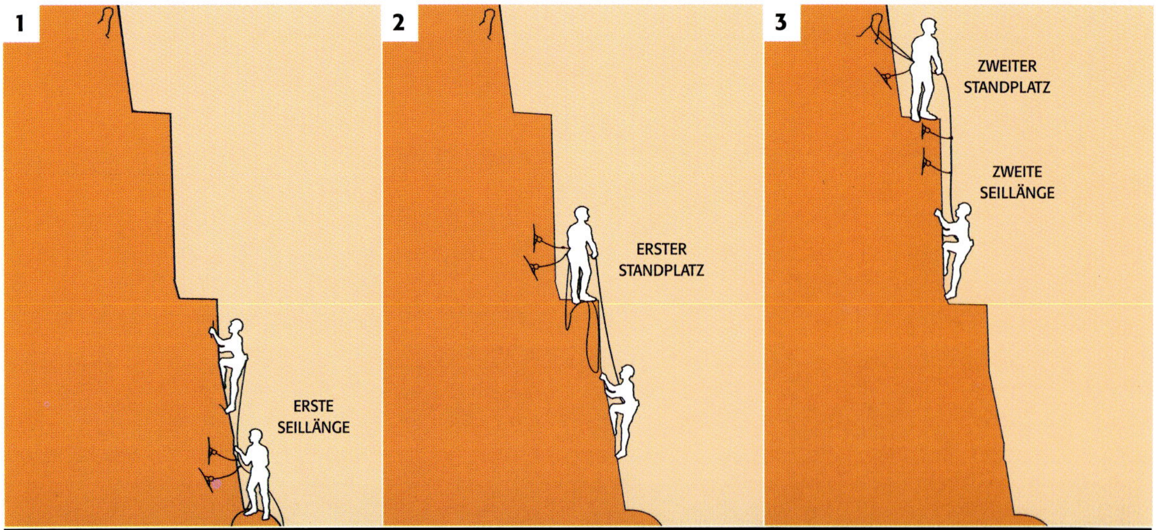

1 *Ist eine Wand länger als das Seil, wird sie in mehrere Seillängen eingeteilt. Der Vorsteiger klettert die erste Seillänge.*

2 *Erreicht der Vorsteiger einen geeigneten Platz, baut er oder sie einen Standplatz und sichert den Nachsteiger zu sich hinauf.*

3 *Der Vorsteiger klettert weiter zum zweiten Standplatz, wobei er weitere Zwischensicherungen legt. Die Sicherungsmittel sammelt der Nachsteiger ein.*

Seilkommandos

Vorsteiger	Nachsteiger
Hat den Standplatz erreicht, die Sicherung aufgebaut und die Selbstsicherung eingehängt: ***»Stand«***	
	Nimmt den Vorsteiger aus der Sicherung, um nachzusteigen: ***»Seil ein«***
Vorsteiger: Holt das Seil ein, bis es straff ist.	
	Nachsteiger: ***»Seil aus«***
Vorsteiger: Nimmt den Nachsteiger in die Sicherung und überprüft noch einmal alle Fixpunkte: ***»Nachkommen!«***	
	Nachsteiger: Löst seine Selbstsicherung und beginnt zu klettern: ***»Ich komme«***

Sollte der Nachsteiger zusätzliches Seil benötigen, um etwa Sicherungen auszuhängen oder ein Stück abzuklettern, lautet das gängige Kommando:

	»Seil«
	Will der Nachsteiger, etwa aus Sicherheitsgründen, am straffen Seil nachklettern, ruft er ***»Zug«***
Zur Warnung vor Steinschlag oder abstürzendem Material:	
	»Achtung, Stein!«

Seilkommandos müssen kurz, einfach und für beide Kletterer eindeutig sein; dies gilt ganz besonders, wenn zwischen beiden keine Blickverbindung besteht

Sichern

Beim Begriff »Sichern« geht es um Techniken, mithilfe des Seils den Kletterpartner zu schützen. Stürzt er, während Sie sichern, ist es Ihre Aufgabe, die Fallhöhe zu begrenzen. Normalerweise geschieht das mit einem der verschiedenen Geräte, die die Seilreibung erhöhen. Genau wie beim Binden von Knoten hat man auch beim Sichern das Leben des Partners buchstäblich in der Hand – es geht schließlich darum, Sie oder ihn vor dem Aufschlagen auf dem Boden zu bewahren.

Ein aufgeräumter Zwischenstand. Beachten Sie die vielen Fixpunkte, die frühe Zwischensicherung und das sorgfältig zusammengehaltene Seil.

Sicherungsgeräte

Die meisten Kletterer benutzen das eine oder andere Sicherungsgerät, um die Seilreibung dosieren zu können. Die meisten Sicherungsgeräte eignen sich sowohl zum Abseilen oder Ablassen (siehe S. 70) als auch zum Sichern des Aufstiegs.

Es gibt vier Grundformen: den Abseilachter, die Bremsplatte, die »Tube« und selbstsichernde Geräte (siehe rechts und S. 26/27). Jedes hat Vor- und Nachteile. Mit Einfachseilen funktionieren alle gut, aber nur die »Tubes« und Bremsplatten lassen Doppelseile zu.

Alle Sicherungsgeräte funktionieren »dynamisch«, das heißt: wird eine bestimmte Seilkraft überschritten, beginnt das Seil durchzulaufen. Dieses Prinzip hilft, die enorme Energie eines Sturzes abzubauen. Die Seilkraft, ab der das Seil durch das Sicherungsgerät läuft, kann bis zu einer Gewichtskraft von 400 Kilo betragen, d. h. erst wenn der Sturz mit mehr als 400 Kilo am Seil zerrt, wird es in nennenswertem Maße durch die Sicherung hindurchlaufen – vorausgesetzt, ein kräftiger Mensch hält es fest in der Hand. Jenseits dieser Belastung beginnt das Seil rasch durch die Sicherung (und die Hand des Sichernden) zu gleiten.

Halbmastwurfsicherung (HMS) **Der Einsatz eines Karabinerhakens als Sicherungsgerät**

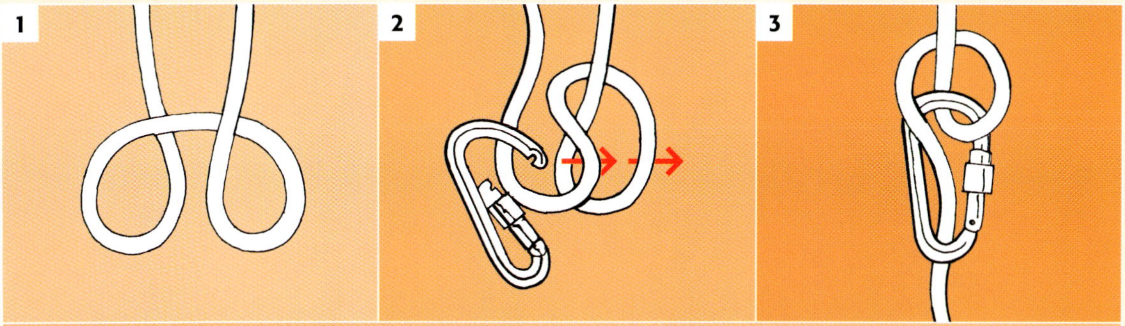

Vorteile

- der Knoten hat eine Bruchfestigkeit von bis zu 3.000 Newton (300 kgf)
- er ist einfach zu machen
- er kann vor einer echten Belastung überprüft werden
- er eignet sich für Einfach- und Doppelseile

Nachteile

- er fördert die Krangelbildung
- die Reibung von Seil auf Seil erhöht den Verschleiß

Warnhinweise

Der Halbmastwurf kann auch Schraubkarabiner leicht öffnen, wenn das Seil über den Schnapper läuft. Auf korrekte Stellung des Hakens achten!

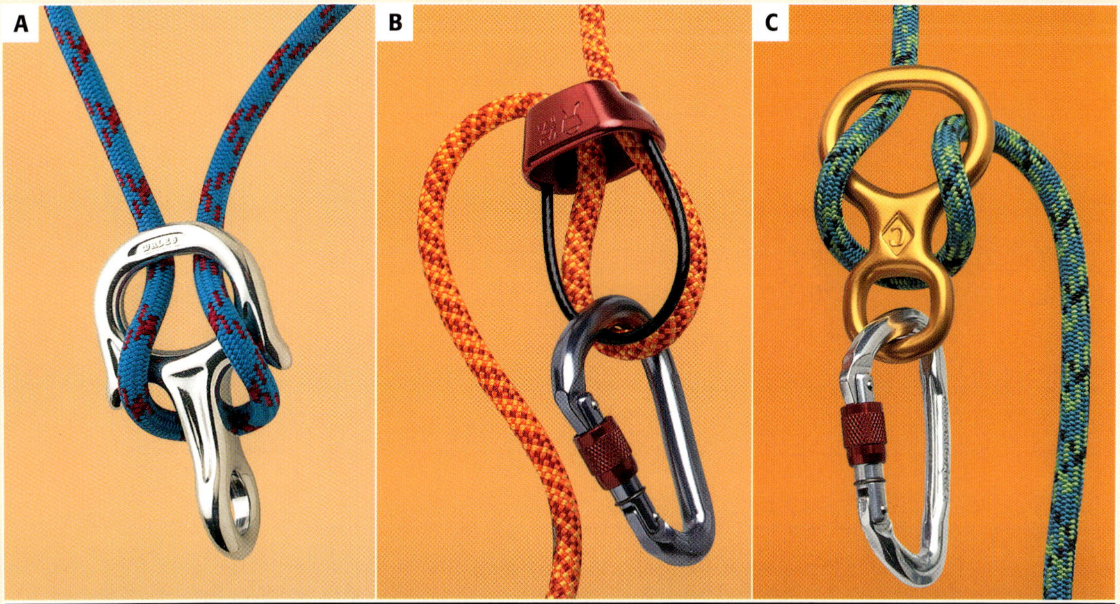

***A** Bei dieser Seilführung im Abseilachter ist die Reibung viel zu gering*

***B** Ein »Tube« oder eine Bremsplatte können mit Einfach- oder Doppelseil benutzt werden*

***C** Ein zum Sichern richtig positionierter Abseilachter (siehe Warnhinweis auf Seite 26)*

Richtig Sichern

Sichern ist eine Wissenschaft und eine Kunst für sich. Ein guter, aufmerksamer und geistesgegenwärtiger Sicherer verringert nicht nur das Risiko des Vorsteigers, sondern kann ihm die Sache auch erleichtern. Durch die richtige Platzierung des Seils, des Sichernden und des Rests der Sicherungskette kann das Seil vom Vorsteiger geschmeidig nachgezogen werden. So kann der Sichernde genau dann Seil nachgeben, wenn der Vorsteiger es braucht, oder Seil einholen, wenn der Vorsteiger in Schwierigkeiten ist.

Direkte und indirekte Sicherung (Körpersicherung)

Das Sicherungsgerät kann entweder direkt an der Standplatzsicherung eingehängt werden, oder der Sichernde hängt sich an dem oder den Standhaken ein und sichert über seinen Klettergurt. Bei einer direkten Sicherung müssen die Standplatzhaken absolut sicher sein, weil sie die ganze Last aufnehmen müssen. Üblicherweise sichert man indirekt. So fängt der Sichernde schon einen Teil der Last ab und entlastet die Fixpunkte der Standplatzsicherung. Nachteil: Der Sichernde kann einen ziemlichen Ruck abbekommen, der ihn von den Füßen holt.

Fixpunkte

Die Fixpunkte bei der Standplatzsicherung sollten in der voraussichtlichen Belastungsrichtung angelegt werden. Vorsicht bei Überhängen – etliche Sichernde haben sich Schädelverletzungen zugezogen, als ein Sturz des Seilersten sie unter den Überhang zerrte! Derjenige Karabiner in der Standplatzsicherung, der per Sicherungsgerät das Hauptseil trägt, sollte unbedingt ein Schraub- oder Verschlusskarabiner sein (siehe S. 24). Sollte das einmal nicht möglich sein, können zwei gleichzeitig eingehängte, normale Kletterkarabiner (siehe S. 24) benutzt werden, deren Öffnungen in entgegengesetzte Richtungen zeigen. Das verhindert das versehentliche Öffnen.

Sichern von unten

Beim Sichern vom Boden reißt einen die Sturzenergie immer nach oben. Sichert man von einem Zwischenstand mitten in der Route, kann einen der Sturz des Vorsteigers nicht nur nach oben, sondern auch nach unten reißen, falls der Seilerste schon unterhalb des ersten Hakens stürzt. Richten Sie Standplatzsicherungen deshalb immer so ein, dass sie Zug nach oben und unten aushalten können (siehe S. 37/38).

A *Eine direkte Sicherung entlastet den Sichernden, muss aber »bombensichere« Fixpunkte haben.*
B *Bei der indirekten Sicherung ist der Körper des Sichernden Teil der Sicherungskette. Das entlastet die Fixpunkte, macht es jedoch für den Sichernden schwierig, sich notfalls aus dem System auszuklinken.*

Die Sichernde hat beide Hände in der richtigen Position am Seil, um einen Sturz abzufangen

Sichern von oben

Beim Sichern von oben zieht das Seil beim Sturz immer nach unten. Der Sichernde (meistens der Vorsteiger) muss dabei sichergehen, dass der Sicherungspunkt hoch genug angebracht ist, und dass das Seil nicht über seinen Körper läuft und seine Arme oder Beine abquetschen kann.

Ein paar »Essentials«

- Vergewissern Sie sich, dass das Seil frei läuft – am besten fixiert der Sichernde das eine Ende des Seils an seinem Gurt und legt dann den Rest des Seils so lange in lockeren Schlaufen auf den Boden, bis das Seilende für den Vorsteiger obenauf liegt. Nach diesem Prinzip sollte man nicht nur beim Sichern vom Boden aus verfahren, sondern auch an jedem Standplatz einer Route mit mehreren Seillängen.
- Stellen Sie sicher, dass sich die Sicherungshand frei und vollständig in die Bremsposition begeben kann (siehe Bild links). Das geht beipielsweise nicht, wenn man zu dicht am Fels steht.
- Richten Sie den Standplatz so ein, dass der Sichernde in die Richtung schauen kann, in die der Vorsteiger sich bewegt.
- Befestigen Sie das lose Seilende immer am Sichernden oder einem Fixpunkt – oder machen Sie wenigstens einen Knoten hinein. Das ist bei Routen mit mehreren Seillängen besonders wichtig, kann aber auch bei normalen Klettergarten-Touren Leben retten: Es könnte sein, dass die Tour 30 Meter lang ist, das Seil aber nur 45 Meter. Wird der Vorsteiger dann abgelassen, reicht das Seil nicht. Der Kletterer fällt bei diesem Beispiel 15 Meter ungebremst auf den Boden. Viele Kletterer sind tödlich verunglückt, weil das Seilende durch die Sicherung gerutscht ist.
- Kommunizieren Sie! Der Sichernde und der Vorsteiger sollten immer wissen, was der jeweils andere gerade vorhat. Wenn der Vorsteiger am Ende einer Seillänge angekommen ist, muss der Sichernde unbedingt wissen, was er als Nächstes plant: will er ein Stück abgelassen werden, komplett abseilen oder den Sichernden nachholen und in die nächste Seillänge einsteigen (siehe auch Seilkommandos auf Seite 39)?

Der Sichernde hat nicht auf den Seilverlauf am Bein geachtet. Wenn der Nachsteiger stürzt, ist das nicht nur schmerzhaft, sondern auch gefährlich, wenn er aus irgendeinem Grund seine Position verlassen muss.

Klettertechniken

Beim Klettern geht es immer um die Bewegung – je geschmeidiger und entspannter sie ist, desto einfacher wird es. Wie bei anderen Sportarten gibt es auch beim Klettern bestimmte Bewegungsmuster, Engramme genannt, die man einüben muss. Auch das Tanzen, die Leichtathletik oder viele Kampfsportarten beruhen beispielsweise auf solchen Engrammen. Hier werden Bewegungszusammenhänge gelernt, auf die der Körper dann automatisch zurückgreift. Sie setzen sich zusammen aus:

Technik – ein effizienter Energieeinsatz bewirkt beim Klettern gute Balance und Schwerpunktlage, sowie der ausschließliche Einsatz der gerade für eine Einzelaktion oder eine Bewegungsabfolge benötigten Muskelgruppen.

Der mentalen Seite – das Klettern entspannt und mit Selbstvertrauen anzugehen, seine Talente zu erkennen und zu nutzen.

Kraft und Kraftausdauer – Eigenschaften, die man mit der Zeit und mit wachsender Praxis verbessern kann.

Etliche Sportarten zwingen einen dazu, Engramme – oder Bewegungsmuster – zu entwickeln. Haben Sie die grundlegenden Bewegungsmuster des Kletterns (rechts) einmal verinnerlicht, wird Ihr Stil immer entspannter und flüssiger werden, und Ihr Selbstvertrauen wird wachsen.

Fußtechniken

Den größten Teil der Vorwärtsbewegung beim Klettern übernehmen die Beine und Füße, nicht die Hände (versuchen Sie einmal, eine Treppe auf den Händen emporzusteigen!). Dabei ist es ideal, den Körperschwerpunkt direkt über die Füße zu bringen. Schmiegt man sich zu eng an den Fels, nimmt der »Grip« an den Füßen ab, lehnt man sich zu weit nach außen, passiert das Gleiche. Selbst an Überhängen kann man mit guter Fußtechnik viel Kraft in den Armen sparen.

Reibung: *Platten klettert man am besten mit der größtmöglichen Kontaktfläche zwischen Schuh und Fels.*

Frontales Antreten: *Die Zehen kommen bei winzigen Tritten oder kleinen Trittlöchern zum Einsatz*

»Heel Hooks«: Eine Technik, mit der man die Arme entlasten kann

Seitliches Antreten: *Auf kleinen Leisten steht man am besten auf der Innen- oder Außenkante des Schuhs*

»Toe Hook«: *Diese Technik wird meist nur eingesetzt, um das Gleichgewicht zu halten, weniger, um emporzukommen. Sie kann auch die Hände entlasten.*

Knieklemme: *Gut, um auszuruhen oder Haken einzuhängen*

***»Ägypter«** oder **»Drop knee«:** Baut einen Gegendruck zwischen beiden Füßen auf und stabilisiert so auf kleinen Tritten.*

***»Abhängen«:** diese Position hilft eher beim Balance halten, als dass sie zum Aufstieg beiträgt.*

***Trittwechsel:** Benützt man denselben Tritt erst mit dem einen, dann mit dem anderen Fuß, kann man die Bewegungsrichtung ändern oder sich bei Querungen weiterbewegen.*

***Spreizen:** Eine Technik, die dem Kletterer kurzes Ausruhen ermöglicht oder ihm beim Aufstieg in trittarmem Gelände hilft, häufig bei Verschneidungen wie dieser.*

Grifftechniken

Die Hände sind viel flinker und beweglicher als die Füße. Weil man die Finger spreizen, krümmen und abknicken kann, mit ihnen zwicken oder quetschen kann, ergeben sich schier endlose Varianten – fast soviele, wie es mögliche Griffe im Fels gibt. Die hier gezeigten Techniken müssen zum Teil kombiniert werden, um einen so richtig am Felsen »kleben« zu lassen.

Zangengriff: *An manchen Griffen ist die »Zange« seitlichem Zug oder den übereinandergequetschten Fingern vorzuziehen.*

»Sloper«/offener Griff: *Schont die Sehnen und Gelenke, ist aber oft wenig zuverlässig. Vor allem an großen Griffen nützlich.*

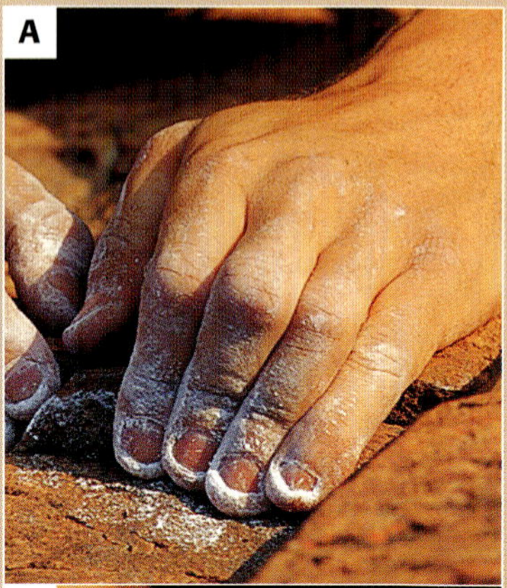

Obergriff: *Die Finger krümmen sich, um Halt auf einer schmalen Leiste zu finden. Der Halt kann verstärkt werden, indem man den Daumen quer über andere Finger legt, aber das belastet auch die Gelenke mehr. Man kann mit flach (**A**) oder spitz (**B**) abgewinkelten Fingern greifen. Beide Varianten belasten die Gelenke unterschiedlich – experimentieren Sie, um herauszufinden, welche Variante Ihnen in welcher Situation mehr nützt.*

Seitlicher Griff: *Der Halt kann verbessert werden, indem man sich seitlich vom Griff weglehnt.*

Untergriff: *Dieser oft vernachlässigte Griff ist besonders nützlich, vor allem, um die Füße auf einen hohen Tritt zu setzen.*

Klemmtechniken

Das Greifen in Hand- und Fingerrissen kann schmerzhaft sein, doch es ist oft die beste oder einzige Art, einen Fels mit senkrechten oder waagerechten Rissen anzugehen. Es gibt Hand- und Faustklemmen. Um die Klemmgriffe erfolgreich zu nutzen, muss man die delikate Balance finden zwischen »zu fest« (und damit Kraft verschwendend und Knöchel quetschend) und »zu locker« (was beim Herausrutschen Abschürfungen und Stürze nach sich zieht).

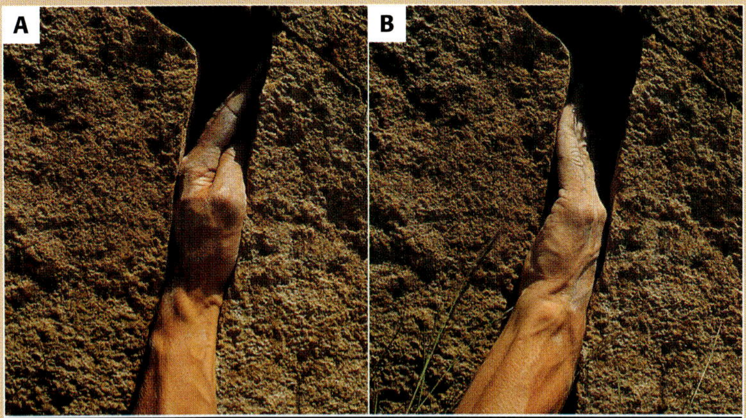

Handrisse: *Wölbt man die Handfläche in einem Riss auf, ergibt sich ein besserer Halt. Setzen Sie den Daumen so ein, wie es am besten funktioniert – entweder nach oben (**A**) oder nach unten (**B**). Obwohl es sich seltsam anfühlt, klemmt die »Daumen-unten«-Variante am sichersten.*

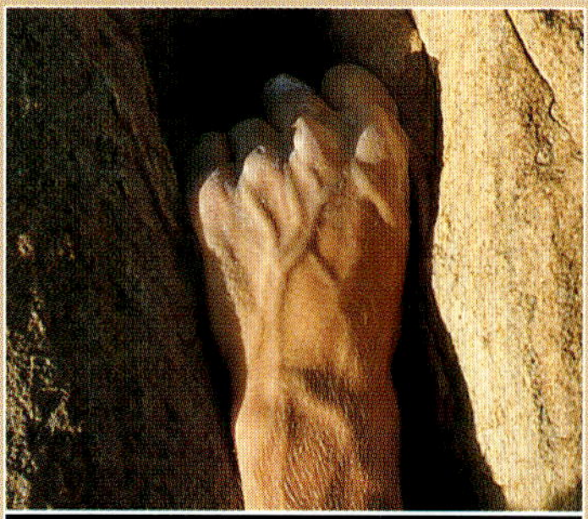

Faustrisse: *Eine geballte Faust, mit dem Daumen nach außen oder nach innen, ergibt einen sicheren Halt. Beim Ballen der Faust sollte man nicht zögerlich sein – es vergrößert den Schmerz nur. Stecken Sie die Hand in den Riss und ballen Sie eine Faust, so fest Sie können.*

Fingerrisse: *Das Übereinandersetzen der Finger in einer kleinen Aufweitung eines schmalen Risses kann auch einen sicheren Halt ergeben.*

»Finger locks«: *Bei dieser Klemmtechnik werden die Finger – seien es nur zwei Fingerkuppen oder alle Finger in ihrer gesamten Länge – in den Riss gesteckt und bei Bedarf unter Zug verdreht.*

Häufig verbessert der Einsatz des Daumens den Halt. Die Hände werden dabei entweder im Riss hochgeschoben oder abwechselnd übereinandergesetzt.

Das Abkleben (»Tapen«) der Hände

Um in Hand- und Fingerrissen voranzukommen, ohne sich die Haut allzusehr zu zerfetzen, tapen sich viele Kletterer entweder die Fingergelenke (für Fingerrisse) oder die Hand, vor allem den Handrücken (für Handrisse). Ein nicht-elastischer Tapeverband eignet sich hierfür am besten.

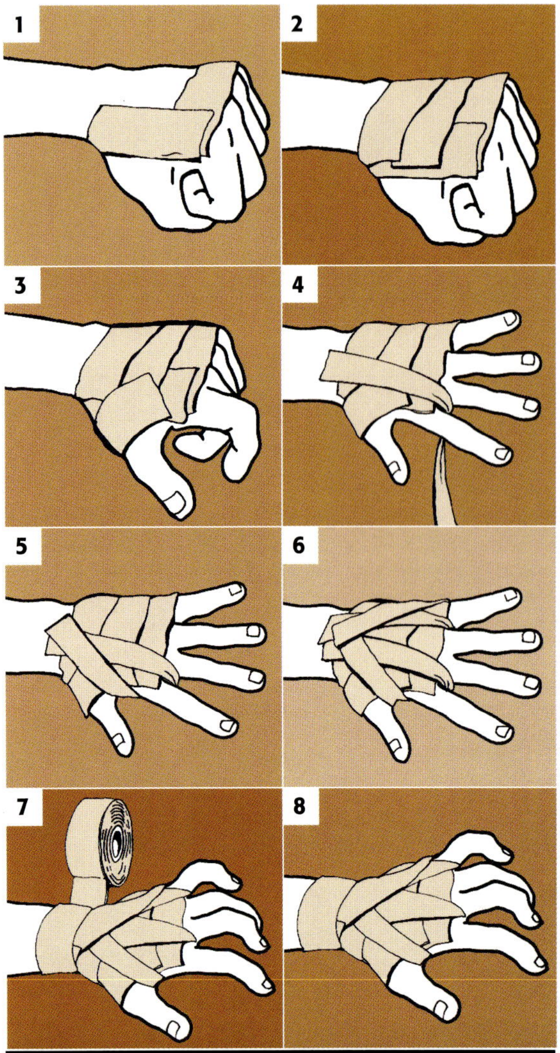

Beim Abkleben der Hände ist es lebenswichtig, ordentlich zu arbeiten. Trocknen Sie die Hände zuerst gründlich ab, und vergewissern Sie sich, dass das Tape in jeder Schicht flächig klebt. Legen Sie eine Schicht Tape über den Handrücken, ziehen Sie den Klebeverband mit der klebrigen Seite nach außen durch die Finger. Vermeiden Sie es, die Handfläche zu tapen. Eine letzte Lage Tape um das Handgelenk oder den unteren Handrücken sorgt dafür, dass alles an seinem Platz bleibt.

Bei extrem weiten Rissen kann es nötig sein, den ganzen Körper hineinzumogeln; klettern Sie mit Arm bars (A) oder »Chicken Wings« (die Handfläche stützt sich an einer Seite ab, Ellenbogen und Rücken an der anderen); verklemmen Sie die Füße in T-Stellung.

Einige kombinierte Techniken

Obwohl es einfacher und verständlicher ist, Hand- und Fußtechniken separat darzustellen, braucht man sie schließlich doch gleichzeitig, um hinaufzukommen. Ahmen Sie im Geiste die Bewegungsfolgen auf den Bildern nach.

***Gegendrucktechnik** (auch »Piaztechnik«): Mit nach hinten verlagertem Körperschwerpunkt ziehen die Hände an der Risskante, während die Füße flächig gegen die (meist glatte) Wand gepresst werden. Vermeiden Sie es, die Füße zu hoch zu setzen, da dies mehr Kraft in den Armen kostet. Versuchen Sie stattdessen, mit kleineren Bewegungen der Hände und Füße nach oben zu kommen. Ein guter Bewegungsrhythmus ist wichtig, da flüssige Bewegung hierbei Kraft spart. Die Piaztechnik kann sehr anstrengend sein. Hat man einmal in die Gegendruck-Position gewechselt, ist es schwierig, wieder in den normalen Stil zurückzukehren; man sollte also sicher sein, dass die Kraft bis zum nächsten sicheren Halt reicht!*

***Durchstützen** (auch »Mantle«): Eine Technik, um sich auf kleine Absätze emporzuschwingen. Man zieht sich mithilfe der Arme hoch, stützt sich zunächst auf einen und tritt mit den Füßen so weit wie möglich nach, bis sich beide Arme durchstrecken lassen. Die Balance ist dabei heikel – zumal oben oft kein guter Griff wartet.*

Stemmen: *Hierzu braucht man beide Arme und Beine. Das Stemmen kann sowohl zum Ausruhen als auch zur Vorwärtsbewegung genutzt werden.*

Wechselstemme: *Von den vielen Kaminklettertechniken ist die Wechselstemme am Kraft sparendsten, da die Beine den größten Teil der Aufwärtsbewegung übernehmen. Durch gelegentlichen Wechsel zwischen beiden Füßen lässt sich die Belastung für die Knie reduzieren.*

Eindrehen: *Bei diesem Zug wird der ganze Körper so weit eingedreht, dass der felsnähere Arm ganz gestreckt werden kann.*

Parallelstemme: *Bei breiten Kaminen wird diese Technik gelegentlich nötig. Da man sich mithilfe der Hände hochdrückt, kann die Parallelstemme sehr viel Kraft kosten.*

Bewegung, Rhythmus & Ruhen

Viele Kletterer erzählen vom »Flow« – plötzlich passt alles zusammen, und man kommt wie von selbst den Fels hoch. Warum das an einem Tag passiert, man sich aber am nächsten Tag schon wie ein Sack Steine fühlen kann, ist kaum zu erklären. Eine der konstantesten Kletterinnen der Welt, Catherine Destivelle, meint, das man den »Flow« trainieren könne. Ihre eigene Performance führt sie auf das Streben nach einem Rhythmus zurück – sie stellt sich vor, sie tanze den Fels empor und bewege sich nach einem klaren Muster. Solche Visualisierungen sind sicher ein wichtiger Teil des Kletterns, erlauben sie einem doch, sich von den Problemen der Welt, des Tages oder der Route zu lösen und sich ausschließlich auf die allernächsten Momente zu konzentrieren.

Beim Klettern passiert es schnell, dass man die angemessenen Ruhepausen oder das richtige Atmen vernachlässigt. Der größte Teil des Klettern findet aerob statt, das heißt: Man bewegt sich so langsam, dass die Nahrungsenergie im Körper mithilfe von Sauerstoff »verbrannt« werden kann. Manchmal bewegt man sich allerdings in den anaeroben Bereich: Man bewegt sich zu schnell, als dass der Körper den benötigten Sauerstoff in die Muskelfasern pumpen kann, und die gespeicherte Nahrungsenergie muss in einem sauerstofffreien Prozess »verbrannt« werden. Das ist weniger effizient, zudem entsteht dabei das Abbauprodukt Milchsäure. Diese sammelt sich in den Muskeln, verringert die Leistungsfähigkeit (»Dicke Arme« ist der übliche Ausdruck der Kletterer für dieses Phänomen) und schließlich die Beweglichkeit oder führt zu Krämpfen. In besonders angespannten Situationen kann man tatsächlich vergessen zu atmen, was den Übergang in die anaerobe Phase dramatisch beschleunigt. Achten Sie auf die Atmung, atmen Sie tief und regelmäßig.

Langsame, berechnete, ruhig und präzise ausgeführte Bewegungen kennzeichnen die besten Kletterer, die das Klettern so einfach aussehen lassen. Dieser Kletterer gönnt sich mit gestrecktem Arm eine Verschnaufpause.

Ruhen

Das Ausruhen in einer Route ist lebenswichtig – es erlaubt den Atemrhythmus wiederzufinden, die Muskeln zu lockern (was die Blutzufuhr wiederherstellt, Stoffwechselprodukte weiterspült und neue Energie und Sauerstoff zuführt) und die weitere Route zu studieren. Es ermöglicht es einem auch, die Hände in den Chalkbag zu tauchen, was auf glatten Felsen oft wichtig ist, oder einfach die schwitzigen Hände abzutrocknen.

Ruhen Sie möglichst mit ausgestrecktem Arm (siehe Bild links), um die Muskelanspannung zu verringern. Man kann die Belastung für die Arme auch verringern, indem man sich mit dem Knie einklemmt, Stemmtechniken, Heelhooks oder »Ägypter« einsetzt oder häufig die Greifhand wechselt. Peilen Sie immer nach Rastpunkten, egal, wie klein diese auch sein mögen.

Der Vorstieg

Gut genug für den Vorstieg zu sein, ist vermutlich das höchste Ziel der meisten Kletterer. Statt jemand anderem hinterherzusteigen, kann man die Route nach eigenem Gutdünken angehen – nur man selbst zählt, der Fels und der oder die Partner unten. Dabei macht es noch einmal einen Unterschied, wie die Route aussieht: Entweder man benutzt ausschließlich oder vorwiegend bestehende Sicherungen wie stabile Bohrhaken, oder man legt seine Sicherungen selbst in Risse und Spalten, während man vorsteigt. Wer die Sicherungen selbst legt, hat sich für die verschärfte Variante des Sports entschieden; sie birgt die größte Herausforderung, aber auch die größte Gefahr. Wer sich auf vorhandene Sicherungen beschränkt, zählt zu den Sportkletterern. Obwohl das wahrscheinlich die ungefährlichere Richtung ist, ist es technisch nicht weniger anstrengend oder anspruchsvoll als das Klettern mit mobilen Sicherungsmitteln.

Der erste Vorstieg

Es gibt ein paar Dinge, die den ersten Versuch im Vorstieg leichter machen:

- Zügeln Sie zuallererst Ihren Ehrgeiz und greifen Sie beim Vorstieg Routen an, deren Schwierigkeitsgrad (siehe Seite 92) deutlich unter dem liegt, den Sie im Nachstieg oder Toprope bewältigen.
- Fragen Sie bei unbekannten Routen Leute, die die Tour kennen, nach den Schlüsselstellen und den Tricks, sie zu überwinden.
- Planen Sie Ihre Züge schon vor dem Einstieg; studieren Sie die Route und entscheiden Sie vorab, wie Sie sie angehen wollen, und wo Sie wann welche Sicherung anbringen werden. Auch wenn Sie nur die ersten paar Meter der Route auf diese Art schaffen, werden Sie sehen, wie sehr die korrekt geplanten Züge ihr Selbstvertrauen stärken.
- Teilen Sie längere Routen oder solche mit mehreren Seillängen in kleine, handhabbare Einheiten auf. Es ist psychisch wesentlich leichter, ein paar kontrollierbare Häppchen vor sich zu haben als eine Wolke diffuser Ängste.
- Nehmen Sie sich Zeit, die Ausrüstung vor dem Einstieg gründlich zu sortieren. Arrangieren Sie Expressschlingen und Sicherungsmittel auf eine logische Art, um Kraft und Nerven raubendes Suchen an einer kritischen Stelle zu vermeiden.
- Erklären Sie dem Sichernden genau, was Sie vorhaben, wo Sie vermutlich Schlappseil brauchen, und vergewissern Sie sich, dass beide die gleichen Seilkommandos benutzen (siehe Seite 39).

Oben: Der Vorsteiger trägt durch die Routenwahl und beim Nachsichern Verantwortung für die ganze Seilschaft. Rechts: Es macht einen gewaltigen Unterschied, ob man vorsteigt, nachsteigt oder einem Toprope folgt. Im Vorstieg scheint die Seillänge, die man im Toprope nur so hinaufflog, doppelt so steil und halb so griffig zu werden. Wenn einen die Furcht packt, lädt sie einem zentnerschweren Ballast auf die Schultern, sie schwächt die Muskeln und umwölkt den Verstand. Auf dem Bild demonstriert die französische Kletterin Catherine Destivelle in ihrem entspannten, eleganten Stil den Nutzen jahrelanger Übung.

Sportkletterrouten im Vorstieg

Sportkletter- oder eingebohrte Routen müssen sich nicht auf eine Seillänge beschränken. In Frankreich, Italien, Spanien, den USA und sonstwo gibt es etliche Routen, die der Definition nach Sportkletterrouten sind, da sämtliche Sicherungen vorhanden sind, die aber viele Seillängen umfassen. Wer solche Routen angeht, sollte sich sicher sein, dass er oder sie auch etliche Techniken alpiner Routen beherrscht: Das Verhalten beim Zwischenstand (Seite 38), Abseilen (Seiten 68–71) und Bergungstechniken (Seiten 74–75) sollten zum Repertoire gehören.

Beim Sportklettern ist die Expresschlinge das Hauptwerkzeug. Sie besteht aus zwei Schnappkarabinern und einer vernähten Bandschlinge. Üblicherweise zeigen die Öffnungen der Karabiner dabei in entgegengesetzte Richtungen, um das korrekte Einklinken des Seils zu erleichtern.

Der Vorstieg in einer bekannt gut abgesicherten Route ist eine der befriedigendsten Erfahrungen – klettern, einhängen, weiterklettern. Stürzt man, fangen einen die von Experten gesetzten Bohrhaken auf. Lässt man sich aber auf eine unbekannte Route ein, sollte man nicht voraussetzen, dass jede Sicherung hält – checken Sie sie zuerst.

Verteilen Sie die Expresschlingen auf die Materialschlaufen auf beiden Seiten des Klettergurtes – es dürfte vorkommen, dass Sie den Haken oder das Seil mit jeder der beiden Hände einhängen müssen (vorher üben!).

Richtig einhängen

Normalerweise verwendet man an Expresschlingen einen Karabiner mit geradem Schnapper, um ihn am Haken einzuklicken, und einen mit gebogenem Schnapper, in den man das Seil einhängt. Diese Anordnung hat auch den Vorteil, dass man gleich sieht, welcher von beiden Karabinern in den Sicherungshaken gehört – er hat Schrammen oder Grate, die das Seil oder den Karabiner selbst beschädigen könnten und sollte aus Sicherheitsgründen regelmäßig überprüft werden. Karabiner mit gebogenem Schnapper erleichtern das Einhängen des Seils – eine wichtige Sache, wenn Sekundenbruchteile darüber entscheiden können, ob man den Zug vollendet oder ins Seil fällt.

Vergewissern Sie sich beim Einhängen, dass das Seil in der vorgesehenen Richtung läuft und von der Rückseite, vom Felsen her, eingehängt ist. Es sollte nie diagonal über den Schnapper laufen, weil es sich dabei von selbst aushängen kann. Warnen Sie beim Einhängen den Sichernden (etwa mit dem Seilkommando »Nachlassen«), sodass er oder sie genügend Schlappseil geben kann. Ziehen Sie gerade genug Seil ein und hängen Sie es mit der freien Hand ein. Am besten hängt man das Seil an einem Ruhepunkt oder wenigstens mit gestrecktem Haltearm ein, um Kraft zu sparen.

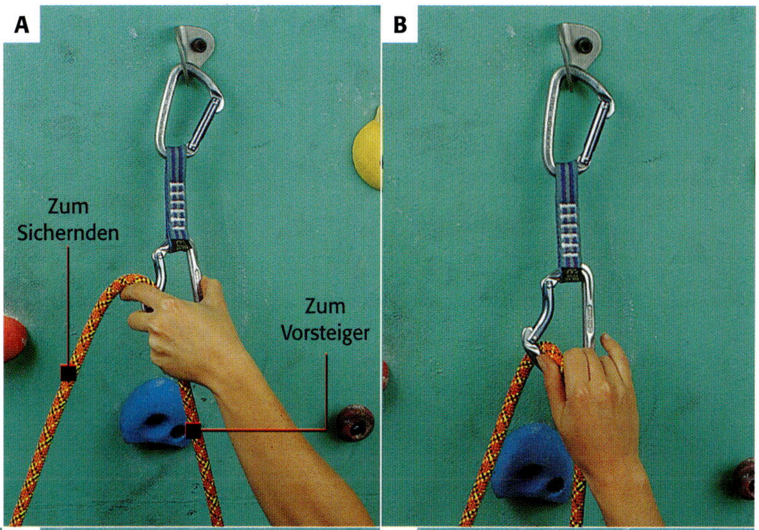

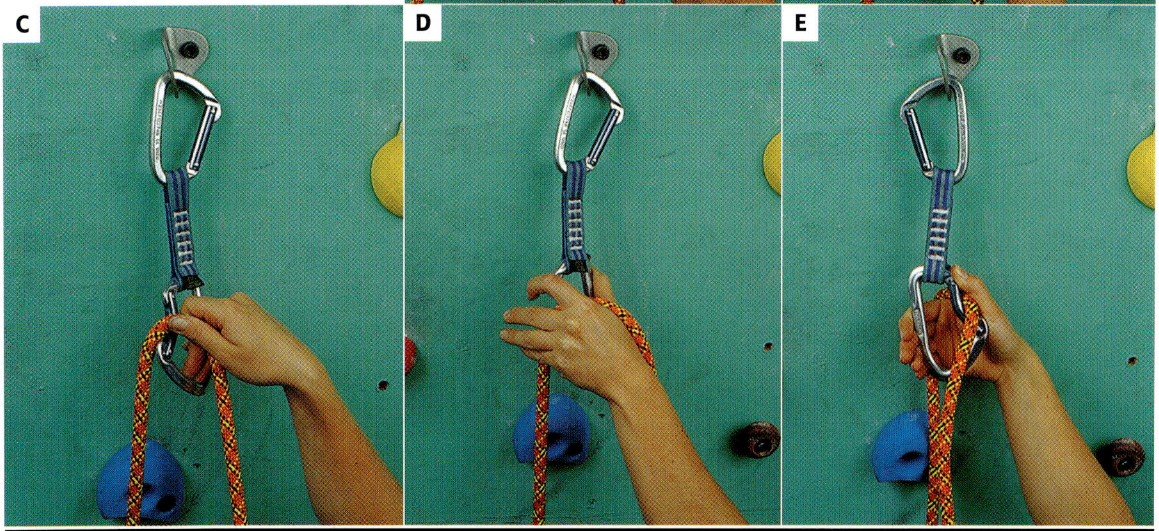

Es gibt viele Arten, das Seil rasch einzuhängen. Üben Sie mit jeder Hand und wählen Sie für jede Situation Ihre bevorzugte Methode. Auf jeden Fall muss das Seilende, das zum Kletterer führt, auf der felsabgewandten Seite des Karabiners verlaufen, und das Seil zum Sichernden am Felsen entlang.
***A:** Mit der umgreifenden Hand fixiert man den Karabiner, während die Finger das Seil einhängen.*
***B:** Der Mittelfinger stabilisiert den Karabiner, während man mit Daumen und Zeigefinger einklinkt.*
***C:** Die geschlossene Seite des Karabiners wird zwischen zwei Fingern eingeklemmt.*
***D:** Die ganze Hand stützt den Karabiner, der Daumen hängt das Seil ein.*
***E:** Wie »D«, aber von der anderen Seite.*

Ablassen

Wie bereits erwähnt, umfassen die meisten Sportkletterrouten – nicht alle – eine einzige Seillänge, und üblicherweise wird der Vorsteiger vom Sichernden abgelassen. Manche Routen haben am Ende angenehme und praktische Abseilhaken, in die man sich einfach einhängen kann, um dann abgelassen zu werden. Aber das sind Ausnahmen. Um beim Abseilen kein Material obenlassen zu müssen, muss man sich normalerweise oben selbst sichern, sich aus dem Seil ausbinden, es durch die vorhandenen Haken oder Ketten fädeln, sich wieder einbinden und sich dann vom Sichernden absenken lassen.

__1__ Hängen Sie sich beim Erreichen des obersten Sicherungspunktes mit zwei Expressschlingen ein, möglichst an verschiedenen Punkten.
__2__ Es empfiehlt sich, sich zuerst wie gewohnt mit dem Seil einzuhängen, bevor man die zweite Expressschlinge direkt zwischen seinen Gurt und den Sicherungshaken klinkt. Vermutlich sind Sie oben erschöpft und könnten beim Versuch, sich zuerst direkt einzuhängen, abstürzen. Hängen Sie die erste Expressschlinge anschließend auch direkt am Klettergurt ein.
__3__ Hängen Sie sich komplett in die Expressschlingen, lassen sich von unten Seil nachgeben und machen Sie einen Achterknoten unterhalb des Sicherungspunktes. Den Achterknoten hängen Sie mittels Schraubkarabiner in die Sicherungsschlaufe des Gurtes.
__4__ Binden Sie sich aus, fädeln Sie das Seil durch die Abseilhaken und binden Sie sich wieder ein. Kontrollieren Sie alles gründlich!
__5__ Lösen Sie den Achterknoten, den Sie zur Seilsicherung gemacht haben, bitten Sie den Sichernden, das Seil straff zu ziehen. Kontrollieren Sie alles noch einmal und hängen dann die zwei Expressschlingen aus.
6: Der Sichernde kann Sie nun vorsichtig ablassen.

Ablassen (Warnhinweise)

Die auf der linken Seite gezeigte Methode des Ablassens funktioniert prächtig, wenn man es mit Ketten oder großen, gerundeten Abseilhaken zu tun hat. Einige Klebe- oder Bohrhaken, vor allem solche aus Aluminium, haben aber scharfe Kanten. Wer sich daran ablässt, riskiert ein durchschnittenes Seil und damit sein Leben. Die einzigen Alternativen sind:

- einen Karabinerhaken oben zurückzulassen,
- billiges Material extra dafür mitzunehmen,
- ein mindestens sechs Millimeter starkes Stück Reepschnur durch den Haken zu fädeln, das Seil bis zur Seilmitte hindurchzufädeln und sich am Doppelstrang vorsichtig abzuseilen.

Benutzen Sie dabei nie die Methode des Ablassens, bei der das Seil sich durch die Reepschnurschlinge bewegt – es wird sie durchschneiden!

Oben links: Eine erzwungene Abseilfahrt an einer Reepschnurschlinge (wie oben gezeigt) kann nur allerletztes Mittel sein!
Rechts daneben: Scharfkantige Haken schädigen das Seil.

Die Route ausräumen

Wenn man die Route ausräumt (das heißt, die beim Aufstieg eingehängten Expressschlingen einsammelt), sollte man vor dem Ablassen eine Expressschlinge von seinem Gurt aus in das Seil zum Sichernden klinken. Dadurch kann man dem Seilverlauf folgen, auch wenn das Seil seitwärts oder unter einen Überhang verläuft. Vorsicht beim Aushängen des letzten Hakens kurz über dem Boden: Wenn die Route überhängt, pendeln Sie vom Fels weg und können sich anstoßen oder Ihren Partner umwerfen.

Das Aushängen der Karabiner kann ziemlich anstrengend sein. Holt man durch Ziehen an der Schlinge etwas Schwung, kann es einfacher werden.

Hinweis für Sportkletterer

Sichert beim Sportklettern der Zweite vom flachen Erdboden aus und kann er daher nicht abstürzen, sichert er sich selbst normalerweise nicht mithilfe von Standplatzverankerungen. So kann er dem Vorsteiger das Leben erleichtern, indem er sich nach rechts oder links bewegt, damit dieser nicht mit dem Seil kollidiert. Er kann sich auch vor und zurück bewegen, um bei Bedarf Seil einzuholen oder auszugeben. Dabei muss er aber aufpassen, sich nicht zu weit vom Fels zu entfernen, denn ein Sturz des Vorsteigers kann ihn von den Füßen heben und gegen den Fels schmettern. Das ist auch für den Vorsteiger sehr gefährlich, da der Sichernde reflexhaft die Arme hochreißen kann, um sich zu schützen – und dabei das Seil loslässt.

Gute und schlechte Haken

Nehmen Sie von einem Bohrhaken in einer unbekannten Route immer das Schlechteste an – checken Sie den Haken: Wie alt sieht er aus, welchen Schaftdurchmesser hat er (10 Millimeter sollten es mindestens sein) und kontrollieren Sie, dass die Öse fest und nicht locker sitzt. Bohrhaken, die schon jahrelang in einer Route stecken, sind verdächtig. Gehen Sie im Zweifelsfalle davon aus, dass so ein Haken nicht hält. Kletterer verwenden vor allem drei Typen von Bohrhaken:

Der Einsatz von Bohrhaken ist fester Bestandteil des Sportkletterns. In der Klettersprache bedeutet »Bohrhaken« ein Metallstück, das in ein gebohrtes Loch in der Felswand gesteckt wird, um einen zuverlässigen Sicherungspunkt zu haben. Ein gut gesetzter, langer, ausreichend starker und rostfreier Bohrhaken hält auch bei häufigeren Stürzen sicher und für lange Zeit. Da man von außen oft die Qualität nicht beurteilen kann, sollte man die Warnungen dieses Kapitels beherzigen.

Warnhinweis

Bohrhaken sind keine Sicherheitsgarantie – durch Temperaturschwankungen dehnen sie sich aus und ziehen sich zusammen, wodurch sie sich vom Fels oder ihrem Mörtel lösen können. Verlassen Sie sich beim Abseilen aus einer Route nie auf einen einzelnen Haken, egal, wie gut er aussieht. Sichern Sie sich immer doppelt ab.

Stiftbohrhaken

Dieser Typ Haken ist selten, kann aber in einigen älteren Routen noch vorkommen. Gibt es keine Alternative, muss man darauf zurückgreifen. Dann sollte man sich aber bewusst sein, dass die Löcher von einem möglicherweise erschöpften, ängstlichen Kletterer gebohrt wurden, der die Sache so schnell wie möglich hinter sich bringen wollte. Das Bohren von Hand ist Knochenarbeit, deshalb sind die Löcher oft nicht tief genug. Der übliche Schaftdurchmesser sind nur 5 bis 6 Millimeter, die Bohrtiefe oft nur 2 bis 3 Zentimeter. Außerdem sind diese Haken nur selten aus rostfreiem Stahl. In vielen Umgebungen rostet Eisen erstaunlich schnell durch – also Vorsicht!

Durchsteckanker

Bei den folgenden zwei Hakentypen kann das Loch auch von Hand gebohrt sein, doch das kommt selten vor. Meistens werden die Löcher hierfür mit einer Akkubohrmaschine gesetzt. Durchsteckanker sind üblicherweise 10 Millimeter stark und mindestens 4 Zentimeter lang und aus rostfreiem Stahl (in besonders niederschlagsarmen Gegenden sind sie manchmal auch verzinkt). Das Loch wird gebohrt, ausgeputzt, dann der eigentliche Schaft eingesteckt und mit einem Spreizring in der Schaftmitte im Loch verspannt. Die bessere Lösung sind von außen in den Schaft eingetriebene Stifte, die den Schaft im Bohrloch spreizen. Werden diese Haken in kompaktem Fels richtig gesetzt, sind sie dauerhaft und belastbar. Ihre Tragkraft beträgt bis zu 3 Tonnen.

Verbundmörtel-Bohrhaken

Mit hochentwickeltem Zweikomponenten-Mörtel wie Hilti HIT C100 kann jedes geeignete Stück Metall in ein Bohrloch gemörtelt werden. Der Schaft von Haken, die zum Einmörteln geeignet sind, muss eine gewindeähnliche Oberfläche aufweisen! Dafür brauchen Gewindestangen oder U-förmige Klammern eine mit einer Vielzahl ausreichend tiefer Kerben. »Bühlerhaken« mit großer Öse erfreuen sich großer Beliebtheit, da sie preiswert sind und sich auch zum Abseilen eignen. Zudem ist die gerundete Öse besser für den Karabinerhaken als die scharfen Kanten eines Hängerhakens. Verbundhaken können bei richtiger Montage immense Lasten tragen (siehe gegenüberliegende Seite).

Setzen von Bohrhaken

Das Bohren

- Vergewissern Sie sich zuerst, dass Ihr Vorhaben nicht mit offiziellen oder ungeschriebenen Verboten kollidiert.
- Überprüfen Sie mit leichten Hammerschlägen, ob der Fels solide ist.
- Platzieren Sie das Loch mindestens 15 Zentimeter von einem Riss, einer Felskante oder einem anderen Bohrhaken entfernt.
- Vergewissern Sie sich, dass der Bohrer exakt den richtigen Durchmesser hat.
- Messen Sie die Länge des einzusetzenden Hakens oder der U-Klammer und markieren Sie die Länge mit Klebeband oder Ähnlichem an der Bohrerspitze.
- Bohren Sie das Loch rechtwinklig zur Felsoberfläche und verändern Sie während des Bohrens den Winkel nicht.
- Bürsten Sie allen Bohrstaub mit einer dünnen Flaschenbürste aus dem Loch.
- Blasen Sie das Loch mit einem eingesteckten Strohhalm oder einem Stückchen Schlauch aus. Vorsicht: Der Staub kann Ihnen dabei in die Augen fliegen.
- Bei Durchsteckankern: Klopfen Sie den Haken so weit mit einem Hammer ins Loch, dass gerade noch genug Gewinde übrig ist, um die Mutter und den Hänger aufzunehmen. Fädelt man Hänger und Mutter vor dem Einschlagen auf den Haken, vermeidet man unter Umständen die Beschädigung des Gewindes und das zu tiefe Einschlagen. Achtung: Nicht mit roher Gewalt anziehen, da vor allem rostfreie Stahlschrauben dabei abscheren können.
- Bei Gewindestangen und U-Klammern (Verbundhaken): Füllen Sie zwei Drittel des Lochs mit Verbundmörtel (manche Mörtel gibt es als Kartuschenmörtel oder in Glasröhrchen) und stecken Sie den Haken ein. Bei Verbundhaken ist die Aushärtezeit des Mörtels zu beachten. Der Haken darf vorher nicht belastet werden. Bitte die Verarbeitungsanleitung des Verbundmörtels genau befolgen!

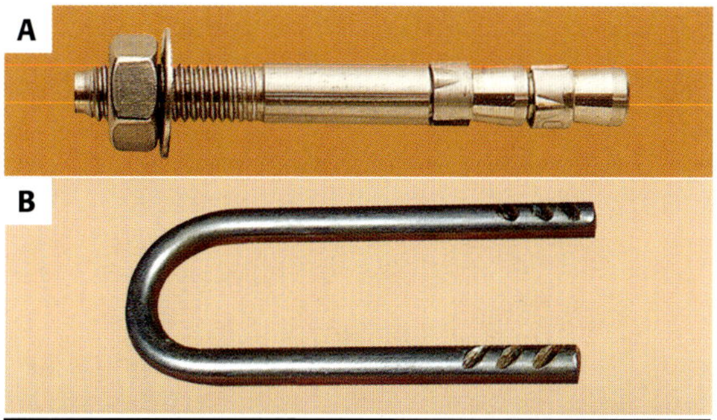

Wählen Sie für jeden Einsatz den richtigen Bohrhaken:
A: *Durchsteckanker sind stabil und dauerhaft*
B: *Beispiel für einen U-Verbundhaken. Zuwenig Kerben!!*

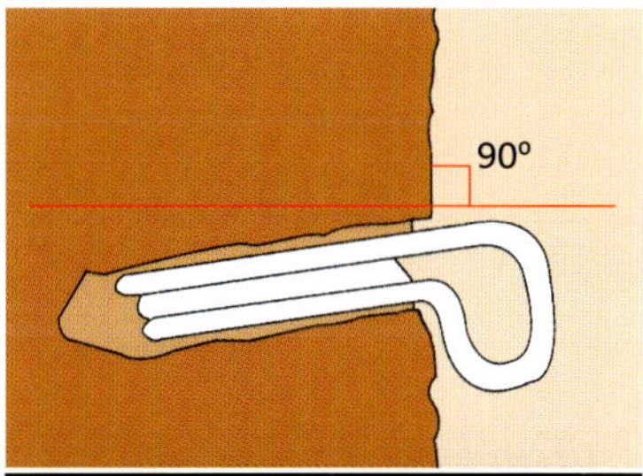

Verbundmörtel-Bohrhaken können leicht nach hinten abschüssig eingebohrt werden.

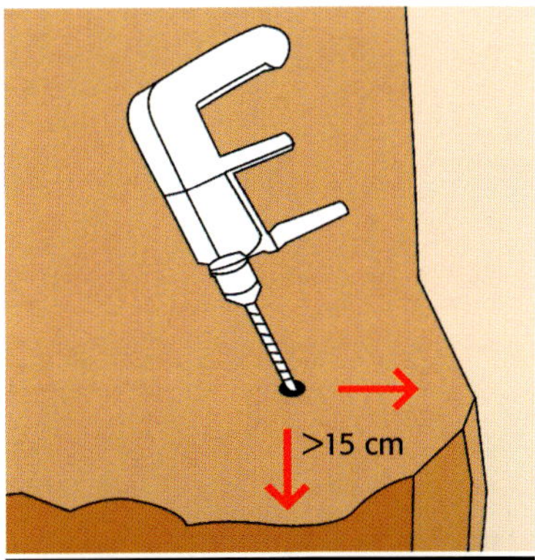

Bohrhaken sollten wenigstens 15 Zentimeter von der Kante entfernt in kompakten Fels eingebohrt werden.

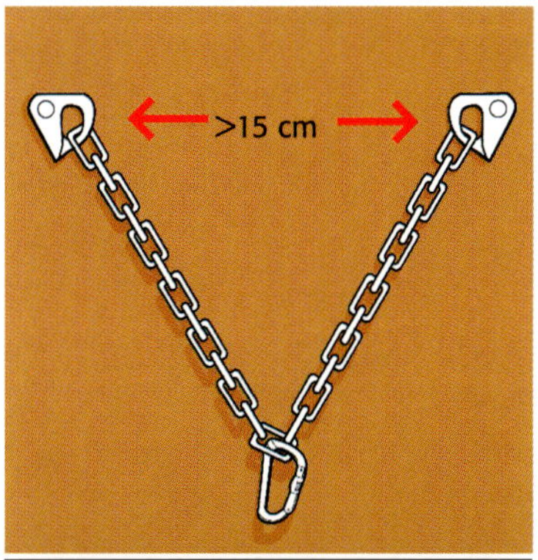

Abseilhaken solten aus Sicherheitsgründen mindestens 15 Zentimeter voneinander entfernt gesetzt werden.

Das Bohren und Setzen von Dübelhaken geht mit einem Akkubohrer am einfachsten.

Vorstieg in traditionellen Routen

In traditionellen Routen ist der Vorstieg mit wesentlich mehr Risiko behaftet als beim Sportklettern. Das heißt nicht unbedingt, dass es tatsächlich gefährlicher sein muss – das hängt von den Kletterern ab.

Die Ausrüstung

»Für Erfahrung gibt es keinen Ersatz« – auf jedem Stück Ausrüstung sollte dieses Motto stehen. Übung und Erfahrung sind der einzige Weg, einen sicheren Vorstieg zu gewährleisten.

Beim traditionellen Klettern ähneln Techniken und Ausrüstung zu weiten Teilen derjenigen beim Sportklettern. Den Unterschied zwischen traditionellem Klettern und Sportklettern machen die Gerätschaften aus, die man in den Felsen steckt. Beim traditionellen (oder »Abenteuer-«) Klettern lassen sich die Sicherungsmittel grob in drei Kategorien einteilen: die natürlichen Sicherungspunkte wie Bäume, Felsschuppen oder Sanduhren, die passiven Sicherungspunkte wie Klemmkeile (Hexcentrics, Rocks, Tricams) oder geschlagene Haken, und die aktiven Sicherungsmittel wie Friends und andere Klemmgeräte.

Üblicherweise hängt man sich seine Kollektion an Sicherungsmitteln an einer Materialschlaufe diagonal über die Schulter, obwohl einige Kletterer sie lieber direkt in den Klettergurt einklinken. Diese Variante wird aber etwas unhandlich, wenn man es mit viel Material zu tun hat.

Beim traditionellen Klettern schleppt man ein großes Sortiment von Material an einer umgehängten Schlinge oder am Klettergurt mit sich.

Natürliche Sicherungspunkte

Normalerweise nutzt man natürliche Sicherungspunkte, indem man eine Bandschlinge oder ein Stück Reepschnur herumlegt. Sehen Sie sich also nach geeigneten Felsschuppen, Felsköpfen oder stabilen Bäumen um. Gerade Bäume, die oft auf Vorsprüngen wachsen, geben gute Sicherungspunkte ab.

Tipps:

- Es ist keine gute Idee, die Schlinge einfach irgendwie über den Sicherungspunkt zu legen. Stellen Sie sicher,

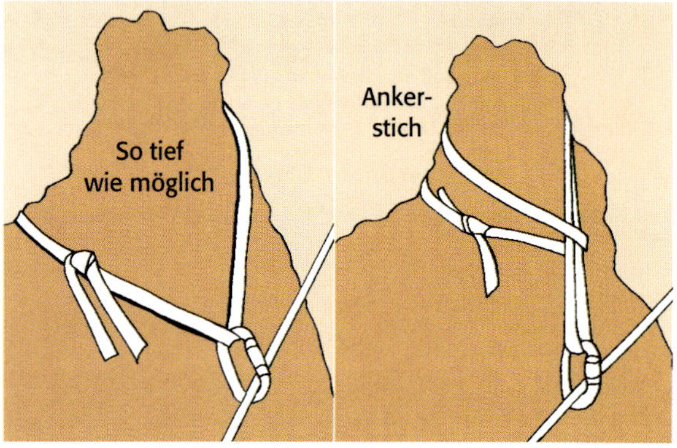

dass sie so niedrig wie möglich sitzt.
- Verwenden Sie einen Ankerstich, wenn die Schlinge vom durchlaufenden Seil abgezogen werden könnte.

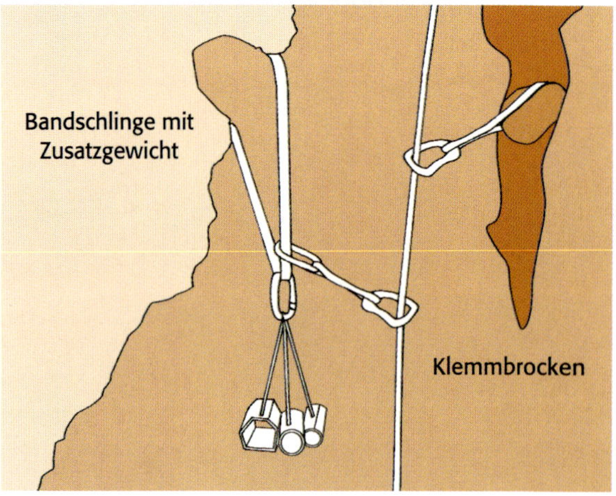

- Beschweren Sie die Schlinge bei Bedarf mit Material.
- Klemmbrocken oder sich berührende Rissseiten können auch nützlich sein – achten Sie beim Rissklettern darauf.

Platzierte Sicherungen

Bevor man Sicherungsmittel einsetzt, sollte man sich über ihre Möglichkeiten im klaren sein.

Felshaken

Obwohl ihr Einsatz seltener wird, gibt es noch immer eine große Bandbreite von Felshaken, von denen jeder für einen bestimmten Einsatz gedacht ist: die verbreiteten Querhaken eignen sich für horizontale Risse, Profilhaken für breitere Risse, Bongs für so breite Risse, dass auch Klemmkeile passen würden, während lange Ringhaken vor allem am Standplatz eingesetzt werden.

Das Setzen von Felshaken ist verhältnismäßig einfach – finden Sie die Stärke heraus, die relativ leicht bis zu zwei Dritteln im Fels verschwindet (bei hartem Gestein wie Granit; bei weichem Gestein wie Kalk nur ein Drittel), und verpassen Sie ihm ein paar kräftige Schläge mit dem Hammer. Ein klirrender Klang deutet meist darauf hin, dass der Haken sitzt; die gebotene Sicherheit hängt von der Gesteinsart und der Stecktiefe ab. Kann der Haken nicht komplett eingeschlagen werden, bindet man ihn ab, um die Hebelwirkung zu verringern.

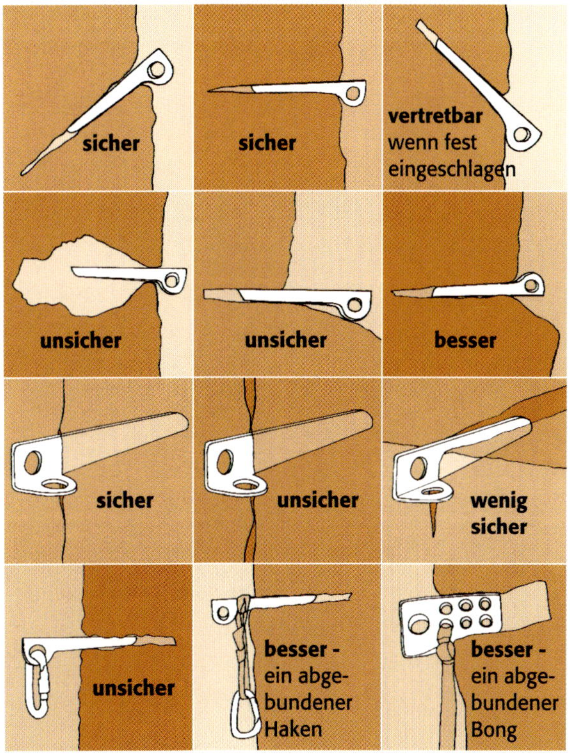

Haken entfernen

Man entfernt Felshaken, indem man sie mit dem Hammer von beiden Seiten hin- und herklopft, bis sie lose sind. Normalerweise wird dabei der Fels beschädigt. Vorhandene Felshaken können sicher sein – sie können es aber auch nicht sein. Das ist fast immer schwer zu sagen, da die entscheidenden Teile des Haken im Fels verborgen sind. Wenn möglich, sollte man vorhandene Haken ersetzen.

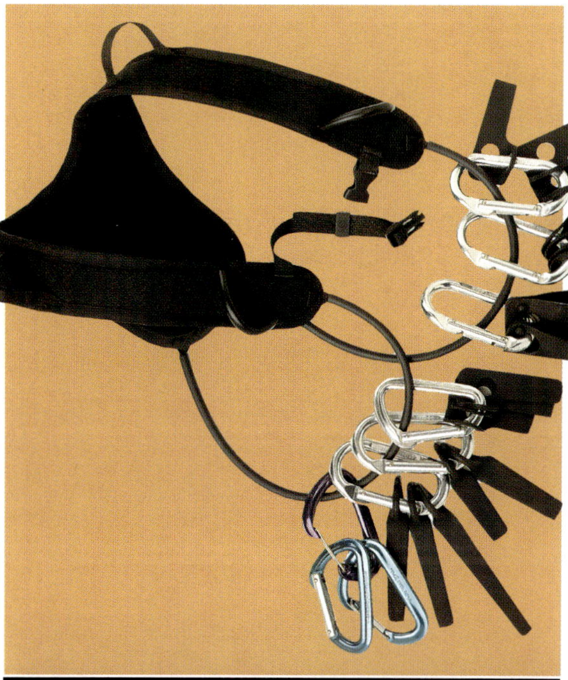

Ein einsatzbereites Sortiment Felshaken. Von oben nach unten: Winkelhaken, verschienden große Profilhaken, kurze Winkelhaken, Querhaken

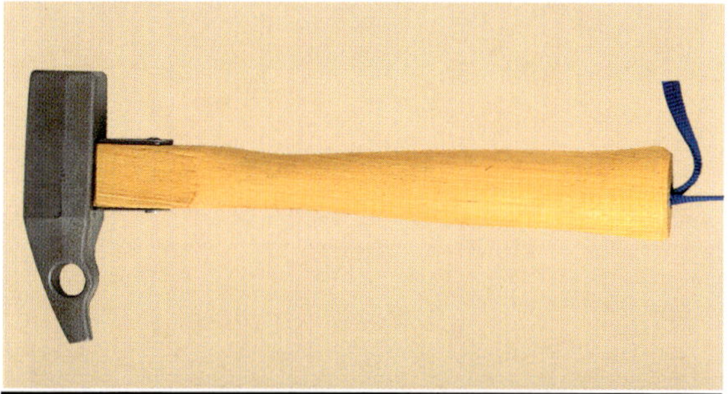

Ein Felshammer mit Sicherungsschlaufe und einer Karabineröse im Kopf. Der Hammer wird zum Setzen und Lösen von Felshaken benutzt.

Klemmkeile

Unter dem Überbegriff »Klemmkeile« finden sich Typenbezeichnungen wie Rocks, Hexcentrics oder Tricams. Im Prinzip sind sie Klemmbrocken zum selber setzen (ein Klemmbrocken ist ein im Riss verkeilter Stein). Die meisten von ihnen sind sehr belastbar, und oft gibt eher der Fels nach als der Klemmkeil oder seine (Draht-)Schlinge.

Klemmkeile gibt es in allen Größen, von winzigen 3 Millimetern bis zu 5 Zentimetern. Sie haben unregelmäßige Formen und sind an einer Seil- oder Drahtschlinge befestigt.

Hexcentrics eignen sich für breitere Risse. Ihre asymmetrische Form ermöglicht verschiedene Einsatzweisen

Klemmkeile legen

Zum sicheren Legen von Klemmkeilen braucht man Übung – die Wahl der richtigen Größe ist eine Kunst für sich. Die beste Art, etwas darüber zu lernen, ist das Nachsteigen bei einem Könner. Beim Entfernen der Keile schaut man genau, wie er (oder sie) es gemacht hat. Zum Entfernen benutzt man normalerweise einen speziellen Haken.

Der Klemmkeilentferner (oder »Fieseler«) ist ein seltsames, aber nützliches Werkzeug. Viele haben Haken am Ende, mit denen sich Keile auch aus tiefen Rissen zurückholen lassen.

Tipps für das Legen von Klemmkeilen

- Beim Legen eines Klemmkeils eine Expressschlinge einhängen und mit einem festen Zug dafür sorgen, dass der Keil an Ort und Stelle bleibt.
- Klemmkeile können in Gegenzugtechnik gelegt werden, um die Sicherung zu gewährleisten (unten links), oder sie können miteinander verkeilt werden (unten rechts).

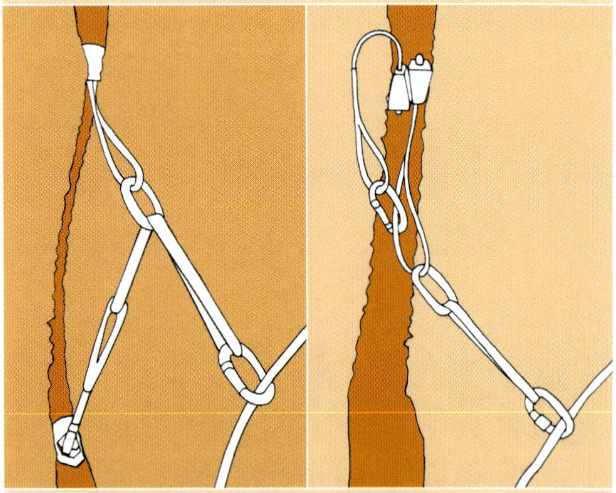

- Vergewissern Sie sich, dass ein gelegter Klemmkeil nicht aus einem sich öffnenden Riss fallen kann.
- Hängen Sie Klemmkeile verschiedener Größen an einen einzigen Karabiner. So können Sie leicht die geeignete Größe wählen und den passenden Keil mit einem Zug an den anderen Keilen fixieren, bevor Sie den gewählten Keil aus dem Karabiner aushängen und die Express- oder Bandschlinge an ihm befestigen.

Klemmgeräte

Diese Hightech-Sicherungsgeräte eignen sich auch für parallele oder sich verbreiternde Risse und die erstaunlichsten Stellen überhaupt. Im Vergleich zum Legen von Klemmkeilen ist das Setzen eines Klemmgerätes (meist »Friend« genannt) eine hohe Kunst. Benutzt man ein zu kleines Gerät, wird es herausfliegen, benutzt man ein zu großes, könnte es für immer im Riss bleiben. Die ideale Stellung der Klemmsegmente ist die Stellung – und die ist in der Praxis schwer zu erreichen.

Tipps für das Setzen von Friends

- Vergewissern Sie sich, dass die Klemmsegmente flächig aufliegen und den Fels nicht nur berühren.
- Achten Sie bei senkrechten Rissen darauf, dass der Schaft des Klemmgeräts in die voraussichtliche Belastungsrichtung zeigt.
- Versuchen Sie bei waagrechten Rissen, das Klemmgerät so weit wie möglich hineinzuschieben. Bei Friends mit starrem Schaft kann es sinnvoll sein, ihn so nahe wie möglich am Fels abzubinden.
- Manchmal sitzt das Klemmgerät besser, wenn man es um 180 Grad weiterdreht. Manche modernen Klemmgeräte haben asymmetrische Segmente, um so besser in sich öffnenden Rissen zu klemmen.

Klemmgeräte reinigen

Friends müssen gelegentlich gereinigt werden. Verwenden Sie dazu warmes Wasser und eine weiche Bürste. Trocknen Sie sie, wenn möglich, mit Druckluft und schmieren sie mit Silikonspray – niemals mit Öl!

Ein Friend mit flexiblem Schaft kann sich über Kanten biegen und ist sicherer als einer mit starrem Schaft. Dieser kann an Kanten brechen.

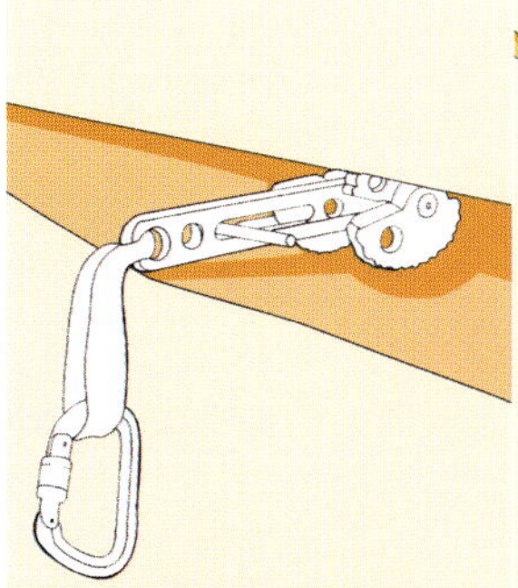

Ein gut gesetzter Friend. Der Schaft verschwindet komplett im Riss und die Last wird von der Schlinge aufgenommen.

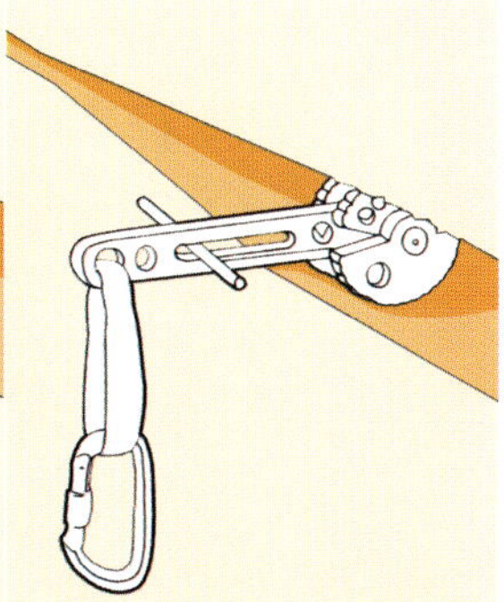

Eine gefährliche Position. Bei einem Friend mit starrem Schaft kann dieser bei Querbelastung brechen.

Eine gute Klemmung

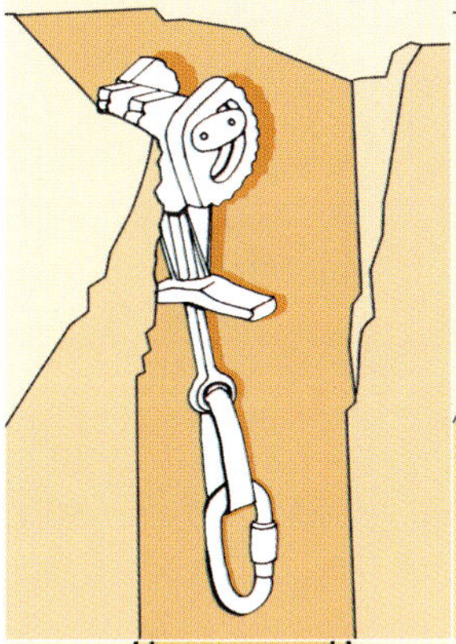

Eine gefährliche Klemmung. Nicht alle Segmente haben Kontakt zum Fels.

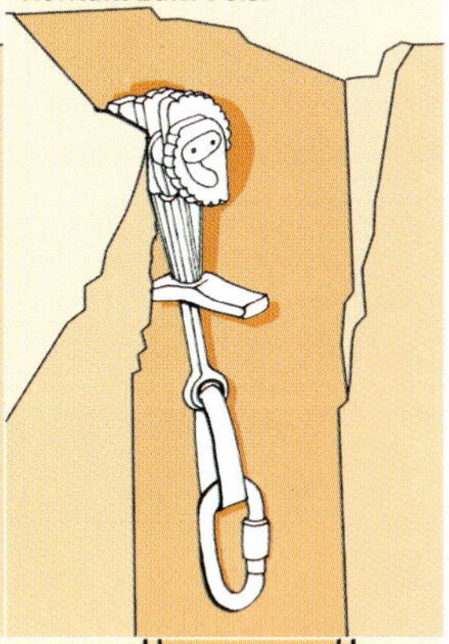

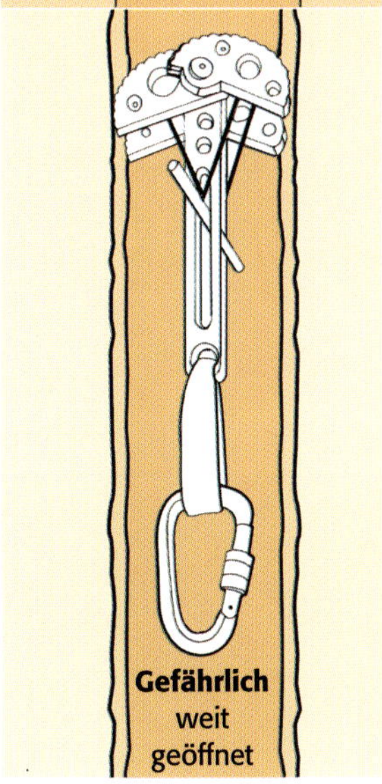

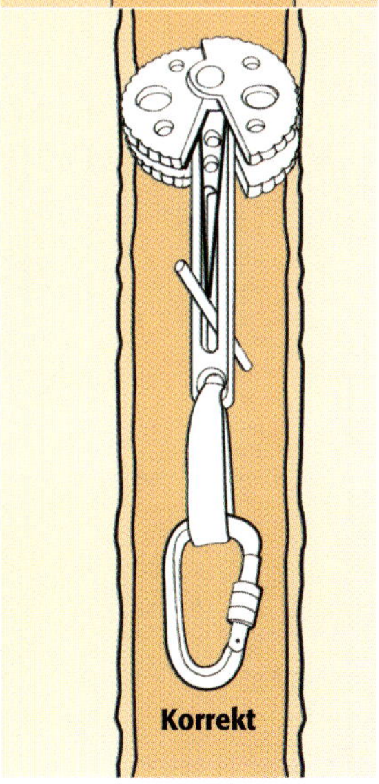

Allgemeine Hinweise zum Vorstieg

■ Sortieren Sie Ihr Material sorgfältig – normalerweise hängt man drei oder vier Klemmkeile ähnlicher Größe an einen Karabiner, sodass man sie nacheinander an einem Riss ausprobieren kann und dann den drinlässt, der am besten passt. Hängen Sie kleinere Klemmkeile weiter nach vorne, größere nach hinten. Viele Kletterer transportieren Klemmkeile und Expressschlingen an einem umgehängten Gurt, die Klemmgeräte an einem anderen.

■ Machen Sie sich die Kraftrichtung klar, die durch Seilreibung oder bei einem Sturz auf die Sicherungspunkte wirkt, setzen Sie die Sicherungen entsprechend.

■ Verringern Sie die Seilreibung so weit wie möglich, indem Sie längere Bandschlingen verwenden oder bei der Halbseiltechnik jeweils einen Strang einhängen.

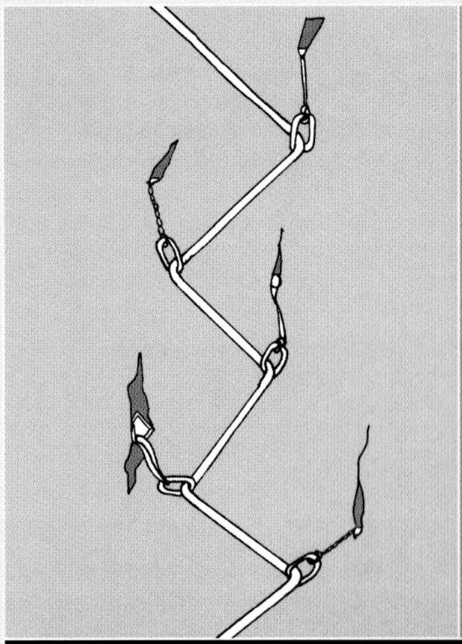

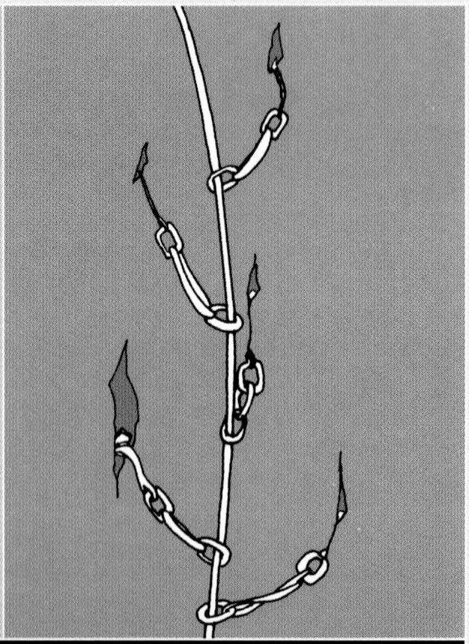

Schlecht: Mangels Expressschlingen entsteht große Seilreibung. Die Sicherungen können herausgerissen werden. Gut: Durch den Einsatz von Bandschlingen läuft das Seil reibungsarm.

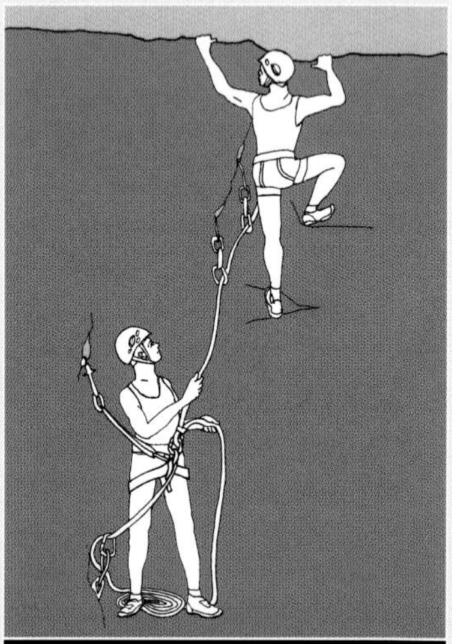

Gut: Die Standplatzsicherung kann Kräfte nach oben und unten aufnehmen.

■ Wenn Ihnen die Sicherungsmittel ausgehen, sammeln Sie durch Abklettern oder Ablassen bereits gesetzte ein und verwenden Sie oben wieder. Denken Sie dabei aber daran, zumindest die zwei obersten Sicherungspunkte unangetastet zu lassen.

■ Setzen Sie die erste Sicherung kurz nach dem Start. Das ist nicht etwa übervorsichtig: Diese Sicherung ist das einzige, das Sie beim Klettern von einem Zwischenstand vor einem Sturz in den Stand bewahrt. Selbst, wenn man nicht hineinfällt, hilft der erste Sicherungspunkt, indem er dafür sorgt, dass das Seil für den Rest der Seillänge in die richtige Richtung läuft (siehe »Sturzfaktoren« auf Seite 67).

■ Gehen Sie sparsam mit Ihren Kräften um. Stellen Sie sich vor, Sie seien der Held eines Computerspieles. Aber in einem, dessen Held man nicht mal eben per Mausklick wieder mit mehreren »Leben« aufladen kann. Zehn oder zwölf Leben? Die Praxis sieht anders aus. Ruhen Sie bei jeder Gelegenheit aus, lockern Sie Hände und Arme, damit das Blut fließen kann, und krallen Sie sich nicht am Fels fest – nur so fest wie unbedingt nötig.

■ Konzentrieren Sie sich auf eine gute Technik mit viel Balancegefühl und Geschmeidigkeit, nicht rohe Kraft.

■ Atmen Sie durch!
Wenn es eng wird und Panik droht, atmen Sie ein paarmal tief durch.

■ Wenn nichts mehr geht, klettern Sie so weit wie möglich ab. Jeder Meter, den man abklettert, bedeutet mindestens zwei Meter weniger Sturzhöhe.

Die Aufgaben des Vorsteigers

Der Vorsteiger ist nicht einfach ein besonders motivierter Kletterer – er oder sie ist für die Sicherheit der ganzen Seilschaft verantwortlich. Das beinhaltet:

- Sich zu vergewissern, dass alle wissen, wie man sich richtig ins Seil einbindet und dies auch getan haben.
- Vor dem Einstieg Instruktionen zu geben und die Kletterkommandos durchzugehen (siehe Seite 39)
- Die Sicherungen so zu legen, dass Nachsteiger genauso gut gesichert sind wie er selbst; dies gilt vor allem bei langen Querungen, in denen Pendelstürze auftreten können.
- Zuverlässige Standplätze einzurichten und sich dabei nie auf einen einzigen Sicherungspunkt zu verlassen; die Last auf alle Sicherungspunkte möglichst gleichmäßig zu verteilen (siehe Seite 38); sich zu vergewissern, dass die Fixpunkte Kräfte aus allen denkbaren Richtungen aufnehmen können; sich zu vergewissern, dass auch der Sichernde nicht etwa von einem Sturz unter einen Überhang, von einem Vorsprung oder zur Seite gerissen wird (siehe Seite 42).

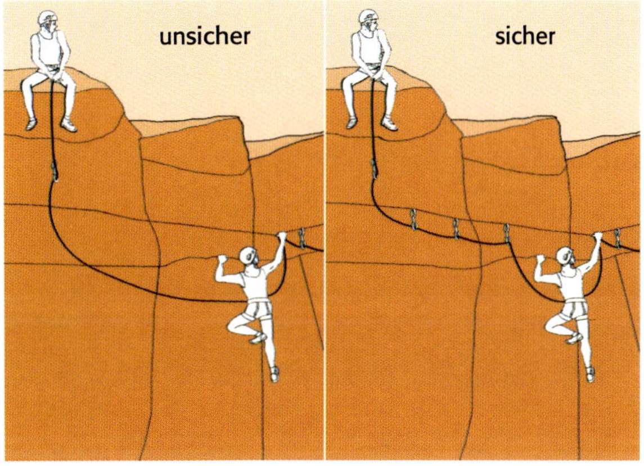

- Sich zu vergewissern, dass der Sichernde jeden denkbaren Sturz des Vorsteigers halten kann – von trivial bis ernsthaft.
- Sicherzustellen, dass beim Klettern im Hochgebirge irgend jemand Ziel und angepeilte Rückkehrzeit kennt. Es kann auch nützlich sein, konkrete Handlungsanweisungen für den Fall des Überschreitens eines bestimmten Zeitlimits zu hinterlassen.
- Die Gruppe auf umweltgerechtes Verhalten hinzuweisen. Dazu gehören Betretungsrechte, der Umgang mit Müll, Feuer machen, das Beschädigen von Pflanzen und so weiter.

Stürzen und Sturzfaktoren

Niemand will fallen, aber vermeiden lässt es sich dennoch nicht. Mit modernen Sicherungsmitteln, einem guten dynamischen Seil, einem komfortablen Gurt und effektiven Sicherungsgeräten ist ein Sturz allerdings nicht mehr so tragisch wie früher. Auf die eine oder andere Art gilt das Stürzen, vor allem beim Sportklettern, als Teil der Übung.

Das richtige Verhalten beim Stürzen muss geübt werden. Richtige Reaktionen, die man in »Trockenübungen« einstudiert, können dann im Ernstfall reflexartig ablaufen. Der Einsatz von Händen und Füßen, um Hindernisse abzuwehren, unter einen Überhang zu stürzen, ohne sich den Kopf anzustoßen, die Orientierung behalten und nicht kopfüber ins Seil stürzen – all dies kann und sollte geübt werden.

Der »Sturzfaktor« ist die Bezeichnung für das Verhältnis zwischen Sturzhöhe und der ausgegebenen Länge an Seil, die einen auffängt. (Man teilt die Sturzhöhe durch die beteiligte Seillänge, die den Sturz aufnimmt.) Den größten Teil der Sturzenergie nimmt die Seildehnung auf.

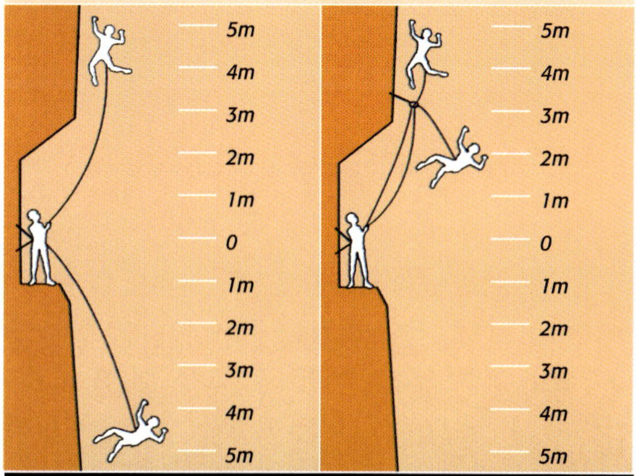

Beispiel: Der Vorsteiger klettert 5 Meter über den Standplatz, fällt die komplette Länge des ausgegebenen Seils (5+5 Meter). Fallhöhe = 10 m, Seillänge= 5 m, Sturzfaktor = 10 geteilt durch 5 = 2. Dies ist der härteste vorstellbare Sturz. Er bedeutet extreme Belastung für beide Kletterer und die Sicherungspunkte. Oder: Der Vorsteiger klettert 5 Meter, hängt das Seil bei 3 Metern ein und stürzt so 2+2 = 4 Meter. Die genutzte Seillänge beträgt ebenfalls 5 Meter. Sturzfaktor: 4 geteilt durch 5 = 0,8; ein wesentlich weicherer Sturz.

Abseilen, Rückzug & Bergung

Viele routinierte Kletterer halten das Abseilen – das Abfahren am Seil bis zum Ende der Route – für potenziell hochgefährlich. Eher als bei jedem anderen Bestandteil des Kletterns treten beim Abseilen dramatische Zwischenfälle, schwere und tödliche Verletzungen auf.

Snowpatch Spire in den Bugaboos, British Columbia, Kanada. Abseilen kann der einzige Weg sein, sich nach dem Klettern abwärts zu bewegen, es kann aber auch zum Spaß gemacht werden – zu leicht sollte man es jedoch nicht nehmen!

Die Gründe dafür sind mannigfaltig. Viele nehmen das Abseilen nicht ernst genug und geben sich daher nicht die Mühe, die nötigen Kniffe für den sicheren Weg nach unten zu lernen. Beim Abseilen ist man vollständig auf die Ausrüstung angewiesen, auf die Sicherungspunkte und seine Verbindung zum Seil. Wenn irgendeine Kleinigkeit dabei schlampig oder unvollständig durchgeführt wurde, können die Folgen fatal sein.

Unfälle beim Abseilen

Die meisten Unfälle passieren, wenn:

- schwache Fixpunkte gesetzt wurden, die nacheinander versagen.
- Das Abseilgerät nicht korrekt am Gurt befestigt wurde.
- Sich beim Doppelseil der obere Knoten löst.
- Das Seil zu kurz ist, heißt: die Abseilstrecke sich als länger als das Seil herausstellt.

Abseilen zum Spaß

Trotz der ihm innewohnenden Gefahr kann man sich auch zum Amüsement abseilen. Vorausgesetzt, alle Sicherheitsmaßnahmen wurden getroffen, kann eigentlich wenig passieren. In seiner Ausprägung als »house-running« (man läuft dabei mit dem Gesicht nach unten am Seil eine Hausfassade hinab) ist es sogar ein eigener »Funsport« geworden.

Abseilen mit schwerem Rucksack

Seilt man sich mit schwerem Rucksack ab, droht bei mangelnder Vorbereitung ein Sturz kopfüber. Sicherheitsmaßnahmen sind:

- Das zusätzliche Tragen eines Brustgurtes.
- Das Befestigen des Rucksacks unter dem Körper, eingehängt in den Abseilkarabiner.

Rechts: Abseilen an den Fuß einer Steilküste

So wird das Abseilen sicherer

Aller Wahrscheinlichkeit nach werden Sie Ihr Sicherungsgerät (siehe S. 40) auch zum Abseilen benutzen. Die meisten dieser Geräte erzeugen genug Reibung, um einen anständig abzubremsen. Tun sie das nicht, gibt es mehrere Tricks:

- Verwenden Sie zusätzlich eine Karabinerbremse (siehe unten).
- Schlingen Sie das Seil zusätzlich um Ihren Körper.

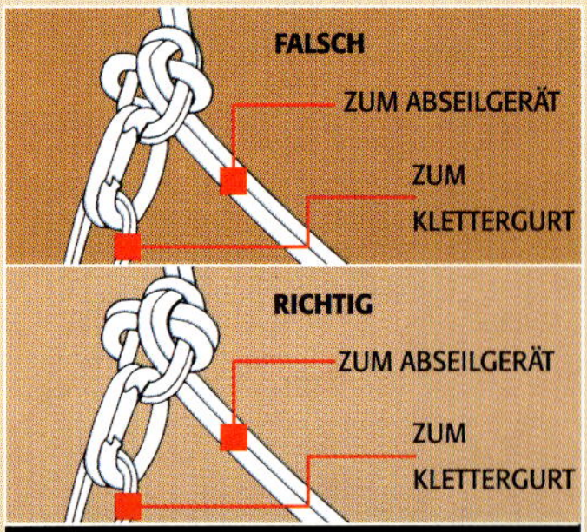

Der Einsatz einer zusätzlichen Karabinerbremse

- Der Halbmastwurf lässt sich mit einem oder zwei Seilen einsetzen, aber er verstärkt die Krangelbildung. Benutzen Sie ihn immer mit einem großen Schraubkarabiner (HMS-Karabiner; siehe S. 24).
- Manche Sicherungsgeräte wie Grigri und SRC lassen sich nur mit einem Einfachseil verwenden. Andere, wie die Tubes, Bremsplatten und Abseilachter funktionieren auch mit Doppelseil (siehe S. 41).
- Die meisten Kletterer benutzen beim Abseilen ihre stärkere Hand zum Bremsen des Seils, die andere fürs Gleichgewicht (siehe S. 71 unten rechts), oder um sich vom Felsen wegzudrücken. Aus Sicherheitsgründen sollte man die Bremshand so weit wie möglich

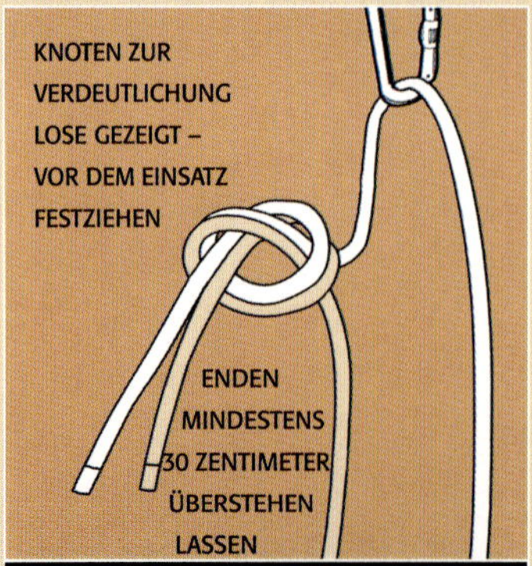

Der Sackstich wird bei der Sicherung eines Doppelseils benutzt

unten am Seil platzieren, nicht zu nahe am Abseilgerät – und nie das Seil loslassen!

- Spreizen Sie die Beine weit und strecken Sie sie etwa auf Hüfthöhe vor.
- Beim Abseilen über einen Überhang seilen Sie sich mit angezogenen Beinen bis zu seiner Kante ab und strecken sie immer weiter, während Sie sich ganz allmählich ablassen. So verhindern Sie, dass Ihr Gesicht mit dem Fels kollidiert.
- Nehmen Sie Anfänger so lange immer an ein zusätzliches Sicherheitsseil, bis sie die Techniken sicher beherrschen.
- Verwenden Sie viele Sicherungspunkte. Es ist immer billiger, etwas Material oben zu lassen, als Krankenhausrechnungen zu bezahlen.
- Kontrollieren Sie die Seilverbindungsknoten besonders gründlich. Im Zweifelsfalle verwenden Sie (nur bei gleich dicken Seilen!) einen ganz normalen Sackstich und lassen die Enden mindestens 30 Zentimeter überstehen. Viele Führer und Ausbilder verwenden diesen Knoten, da er beim Abziehen des Seils leicht über Kanten gleitet.
- Sichern Sie sich zusätzlich mit einer Prusikschlinge oder einer Seilklemme.
- Machen Sie immer einen Knoten ins Seilende.
- Seilen Sie flüssig ab. Hüpfen und Zerren dehnt das Seil stark, kann es aufscheuern und belastet die Sicherungspunkte.

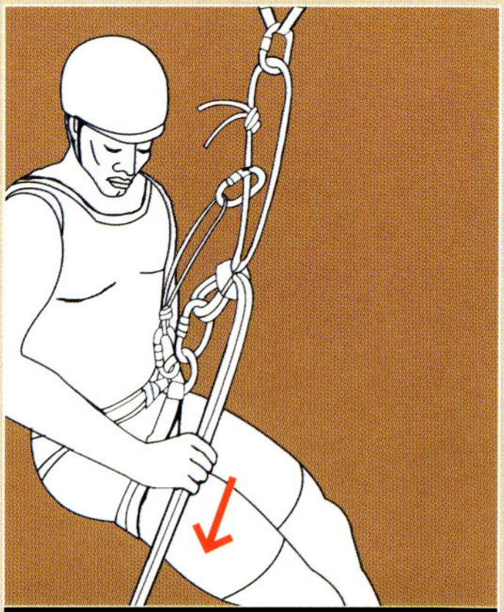

Seil abziehen: Der Karabiner macht klar, an welchem Seilende abgezogen wird.

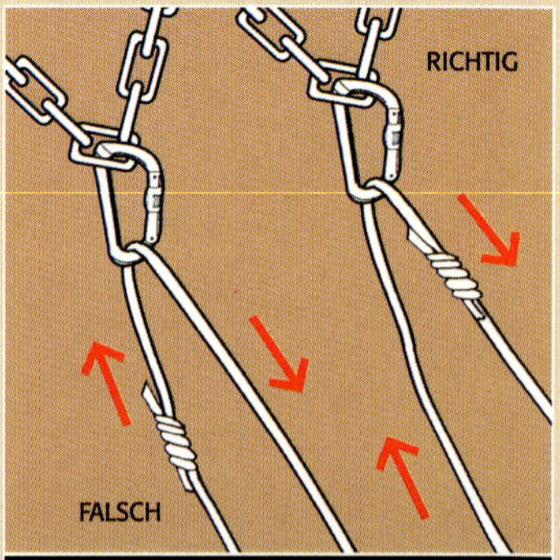

Beim Abziehen des Seils muss sich der Knoten an dem Seilende befinden, an dem gezogen wird

Lange Abseilfahrten

Um bei mehreren Seillängen das Abseilen zu beschleunigen, sollte der erste Abgeseilte Material mitnehmen, um den nächsten Abseilplatz vorzubereiten. Außerdem kann er den anderen Mitgliedern der Gruppe nützen, indem er die Seilenden straff hält und sie, bei einem Überhang, zum Abseilplatz heranzieht. Verbinden Sie das Seil mit dem unteren Abseilpunkt für den Fall, dass der obere ausreißen sollte.

Zweifelhafte Abseilstellen

Wenn die oberen Sicherungspunkte verdächtig aussehen, sich das Abseilen aber trotzdem nicht vermeiden lässt, dann:

- sollte der Erste auf dem Weg nach unten Zwischensicherungen legen, die halten, falls der obere Abseilpunkt versagt.
- sollte man am Ende der Abseilstrecke sehr zuverlässige Sicherungen legen und die Seilenden daran befestigen.
- sollte der letzte Abseilende sich zusätzlich zum Abseilachter oder Ähnlichem mit einer Prusikschlinge sichern und einen Karabiner zwischen die beiden Seilstränge klippen, um wenigstens nicht vom Seilende zu rutschen, falls Sicherungspunkte und die Prusik abrupt nachgeben.
- sollte der Letzte sich besonders vorsichtig abseilen und dabei die Zwischensicherungen einsammeln.

Beim Abseilen von einem hohen Punkt, wie diesem Biwakplatz im Yosemite, braucht man nicht nur eine ausgereifte Technik, sondern auch stählerne Nerven.

Benutzen Sie viele Sicherungspunkte, die auch weit von der Kante entfernt sein können, und verteilen Sie die Last gleichmäßig dazwischen.

Eine gute Abseilposition, bei der der Anfänger während der Lernphase zusätzlich mit einer Seilklemme und einem zweiten Seil gesichert ist.

Aufstieg am Seil

Sie könnten sich fragen, warum Kletterer manchmal am Seil aufsteigen. Die Antwort: Ein Notfall könnte dazu zwingen, es muss schnell gehen, jemand bohrt eine Route mit Sicherungshaken ein – oder er tut es einfach zum Spaß. Alles, was man dazu braucht, ist ein oben sicher befestigtes Seil und irgend etwas, das sich am Seil festkrallt – entweder eine Steigklemme (oft »Jümar« genannt) oder ein Klemmknoten.

Beim Bigwall-Klettern jümart der Seilzweite oft nach oben. Dabei nimmt er das Seil in Schlaufen mit nach oben. Beide Steigklemmen sind an seinem Gurt befestigt.

Steigklemmen

Es gibt verschiedene Formen, die beim Hochklettern am Seil helfen, indem sie sich entweder mit Zähnen in ihm verbeißen oder es abklemmen. Das »Shunt« ist das Einzige, mit dem man an einem Doppelseil aufsteigen kann.

Klemmknoten

Verschiedene Knoten erleichtern den Aufstieg. Die zwei geläufigsten sind der französische und der einfache Prusikknoten (benannt nach dem österreichischen Bergsteiger Karl Prusik, der ihn erfand). Am besten eignet sich Reepschnur mit etwa dem halben Durchmesser des Aufstiegsseils, also mit 5 bis 6 Millimeter Stärke. Auch eine lange Bandschlinge ist für die französische Prusik geeignet.

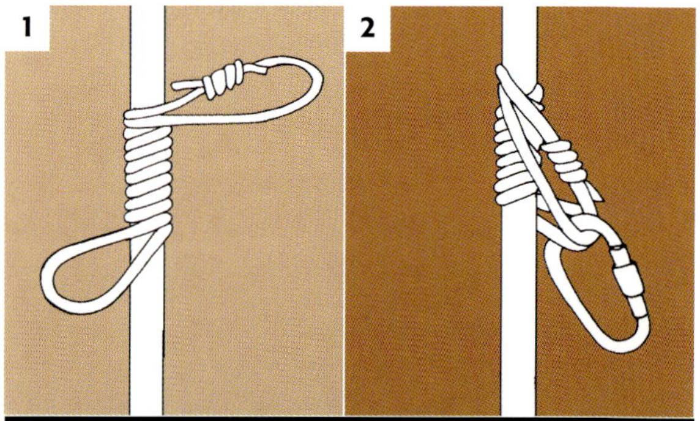

Der französische Prusikknoten ist leicht zu knüpfen und zu lösen. Er wird häufig in der Bergrettung eingesetzt und auch zum Abseilen benutzt.

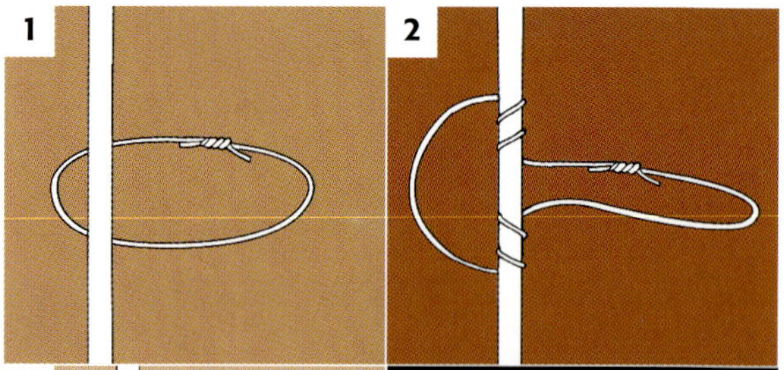

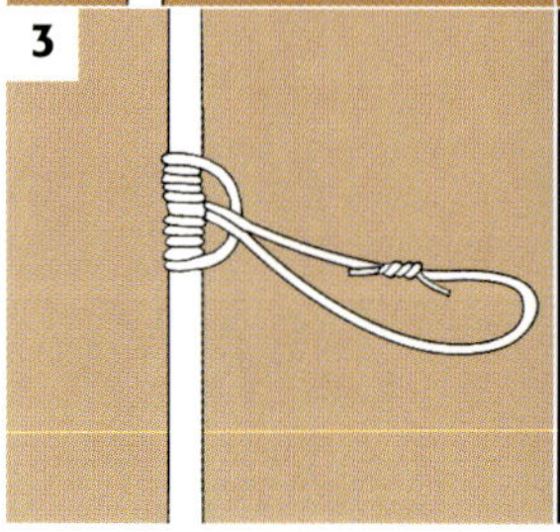

Beim normalen Prusikknoten sollte der Knoten der Schlinge nicht direkt am Seil sitzen. Bei einem neuen oder dünnen Seil können mehr Umschlingungen die Bremswirkung verbessern.

Tipps für den Aufstieg am Seil

- Lassen Sie immer die Beine die Arbeit machen. Versuchen Sie nicht, sich an den Armen emporzuzerren.
- Ein kleines Gewicht am Seilende (ein kleiner Rucksack beispielsweise) erlaubt es, die Steigkleme oder die Knoten deutlich einfacher voranzubewegen.
- Befestigen Sie möglichst beide Steigklemmen an Ihrem Gurt (diejenige mit der Fußschlaufe mit einer Verlängerungsschlinge), um für das Versagen des oberen Klemmpunktes gewappnet zu sein.
- Tragen Sie einen schweren Rucksack, ziehen Sie ihn entweder von oben als »Haulbag« nach oder lassen Sie ihn vom Einbindepunkt nach unten hängen.

Abklettern, Queren und Rückzug

Stellt sich eine Route als zu schwierig heraus oder droht schlechtes Wetter, kann es nötig werden, aus der Wand herauszuqueren oder abzuklettern, wenn keine geeigneten Abseilpunkte zu finden sind. Abklettern sollte, wenn möglich, »im Vorstieg« praktiziert werden. Das bedeutet, dass der Vorsteiger auf dem Weg nach unten Zwischensicherungen legt, die der Seilzweite (oder -letzte) wieder entfernt – genau wie im Aufstieg. Um die Sache zu beschleunigen, ist es oft sinnvoll, den Seilersten abzulassen (oder er seilt sich selbst ab), wobei er die Sicherungen für die Nachfolgenden legt. Das Abklettern wird selten geübt, gehört aber in Ihr Repertoire. Üben Sie es gelegentlich!

Queren

Um bei einer größeren Gruppe den Rückzug zu beschleunigen, kann man eine Querung am Fixseil in Betracht ziehen. Der Erste und Letzte der Seilschaft klettern dabei wie üblich vor bzw. nach, die Mittleren klinken sich mit zwei Expressschlingen wie bei einem Klettersteig ins Seil. So können sie Zwischensicherungen passieren und dabei immer noch gesichert bleiben. Der letzte Kletterer steigt am Seilende nach und entfernt die Zwischensicherungen.

Eine größere Gruppe bewältigt eine einfachere Querung am Fixseil. Die Kletterer sind mit je zwei Expressschlingen am Seil gesichert und können so Zwischensicherungen passieren, ohne je völlig ungesichert zu sein. Auf diesem Bild befindet sich rechts sicheres Gelände.

Notfallmaßnahmen

Trotz der allerbesten Vorsichtsmaßnahmen kann beim Klettern immer etwas passieren. Weil keine Notfallsituation wie die andere ist, braucht es die richtige Mischung von Übung, Erfahrung und Improvisation, um das Beste daraus zu machen.

Der Seilzweite »steckt fest«

Irgendwann kann man es mit einem Seilzweiten zu tun haben, der einfach nicht weiterkommt. Das kann an psychischen oder physischen Problemen liegen. Es gibt dennoch ein paar Optionen:

- Ziehen Sie den Kletterer am Seil zu sich hoch – das ist schwieriger als es klingt!
- Dirigieren Sie ihn Zug um Zug nach oben.
- Fixieren Sie das Seil an einer geeigneten Stelle, seilen Sie sich zu ihm ab und helfen Sie ihm.
- Verzichten Sie auf Ihr Ziel und seilen Sie die gesamte Seilschaft ab.

Gestürzter und verletzter Vorsteiger

Stürzt der Vorsteiger und hängt danach unter Ihnen, muss man möglicherweise das Seil des Vorsteigers fixieren und sich zu ihm abseilen, um zu helfen.

Hängt der Vorsteiger über Ihnen, steigen Sie mit Prusikschlingen an seinem Seil zu ihm hoch, oder steigen Sie bis zum oberen Umlenkpunkt und seilen Sie sich zu ihm ab.

Es kann sein, dass Sie sich dann selbst abseilen müssen oder den Vorsteiger bis zum Boden oder auf einen geeigneten Absatz ablassen müssen, bevor Sie weitere Maßnahmen ergreifen. Es ist wesentlich einfacher, jemanden abzulassen, als ihn hochzuziehen – auch wenn man nur eine Seillänge in einer 10-Seillängen-Route vom Gipfel entfernt ist.

Was auch passiert, vermeiden Sie Hektik und Panik. Wenn Sie glauben, die Situation nicht im Griff zu haben, versuchen Sie, Aufmerksamkeit zu erwecken, oder warten Sie auf die Bergwacht und lassen Sie dem Verletzen bestmögliche Erste Hilfe angedeihen.

Ausbinden aus der Sicherungskette

Als Sichernder kann man in die Verlegenheit kommen, sich aus dem Seil ausbinden zu müssen, um jemandem beizustehen.

- Blockieren Sie das Sicherungsgerät nach Herstelleranweisung (1).
- Befestigen Sie eine Prusikschlinge oder eine Seilklemme an dem Seilstrang, der zum nächsten Kletterer führt. Ein französischer Prusik eignet sich hier am besten, da er sich auch nach Belastung wieder leicht lösen lässt (2).
- Befestigen Sie den Prusik oder das Klemmgerät mit einer Bandschlinge oder Seilschlaufe am Fixpunkt am Fels (3). Verwenden Sie dazu das Seil, sollten Sie sicherstellen, dass das verbleibende Seilende noch lang genug für eventuelle weitere Maßnahmen ist. Wenn es gar nicht anders geht, sollten Sie einfach ein Stück Seil abschneiden – diese Möglichkeit wird oft übersehen.
- Machen Sie einen Mastwurfknoten (4) oder einen abgebundenen Halbmastwurf (der lässt sich nachher leichter wieder lösen) in das Seil zum Gestürzten und befestigen Sie es am Fixpunkt am Fels. Er sollte genug loses Seil haben, um sich nicht festzuziehen, wenn das Gewicht nach dem Lösen des Sicherungsgeräts von der Prusik übernommen wird.

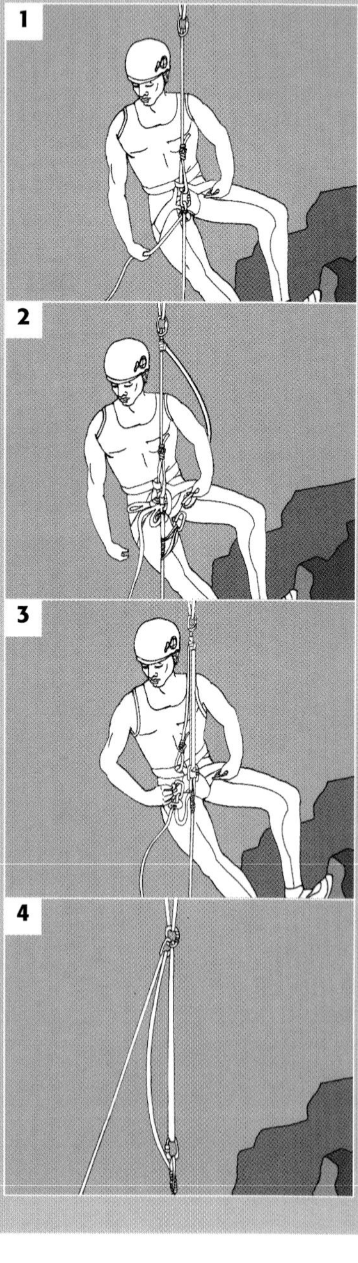

■ Lassen Sie langsam Seil nach, übertragen Sie die Last auf die Prusikschlinge, und stellen Sie sicher, dass sie hält.
■ Jetzt können Sie den Gestürzten aus der Sicherung nehmen und sich aus der Sicherungskette ausbinden. Ein Strang des Seil ist jetzt frei, um sich an ihm zum Gestürzten abzuseilen oder das ganze System zum Abseilen umzubauen.

Basiswissen Erste Hilfe

Die Erste Hilfe dient zur Lebenserhaltung, zur Verhinderung weiterer Verletzungen oder Traumata und zur Unterstützung der Genesung. Die wichtigsten Punkte:
■ Luftwege. Gibt es eine Halsverletzung oder irgendein Hindernis an Nase und Mund? Geräuschvolle Atmung kann auf einen Fremdkörper in den Atemwegen hinweisen. Entfernen Sie diesen, wenn möglich, vorsichtig mit den Fingern.
■ Atmung. Hebt und senkt sich die Brust, können Sie das Aus- oder Einströmen von Atemluft beobachten? Ist keine Atmung vorhanden, versuchen Sie Mund-zu-Nase-Beatmung, falls Sie dabei nicht sich selbst oder den Verletzten in Gefahr bringen.
■ Pulsschlag. Können Sie an der Halsschlagader den Puls fühlen? Ist kein Herzschlag spürbar, kann eine Herzmassage geboten sein.
■ Bewußtsein. Ist die Person wach, ansprechbar und fähig zu sprechen oder ist sie nicht ansprechbar?
■ Blutung. Versuchen Sie, jede Blutung zu stillen, zunächst mit direktem Abdrücken. Sollte dies fehlschlagen, muss man als letzte Möglichkeit den blutenden Körperteil abbinden.
■ Nervenstrang. Überprüfen Sie den Verletzten auf Kopf-, Rücken- oder Genickverletzungen. Bewegen Sie ihn nicht, bevor sicher ist, das nichts derartiges vorliegt. Es kann nötig sein, den Verletzten unbeweglich zu fixieren. Sind solche Verletzungen auszuschließen, betten Sie den Verletzten in die stabile Seitenlage (siehe unten).

Weitere Probleme wie Schock, Unterkühlung, Knochenbrüche, kleinere Blutungen etc. sollten erst versorgt werden, wenn die oben beschriebenen Traumata versorgt sind. Lassen Sie sich nicht von einer ungefährlichen, aber stark blutenden Wunde von den wesentlichen Verletzungen ablenken. Das (gekonnte) Schienen gebrochener Knochen kann weitere Verletzungen an Blutgefäßen und Nervenbahnen verhindern.

Im Zweifelsfalle: Warten!

Schlechtes Wetter, Orientierungsverlust, Verletzungen oder einbrechende Dunkelheit lassen sich auf verschiedene Arten angehen – man ignoriert sie und macht weiter, oder man sitzt es aus und hofft auf Besserung oder eintreffende Retter. Es gibt keine Standardlösung, da die Randbedingungen sich nie gleichen. Ganz allgemein ist es oft klüger, abzuwarten. Rucksäcke wärmen, man kann sich aufs Seil setzen oder darin einwickeln, und wenn man sich aneinanderkauert, fühlt man sich nicht nur wärmer, sondern auch sicherer. Ein Notfallpäckchen mit einem Energieriegel, einer leichten Taschenlampe, einer kleinen Flasche Saft oder Wasser und einem kleinen Erste-Hilfe-Päckchen kann helfen, ein Unglück abzuwenden oder wenigstens ein Notbiwak komfortabler zu machen.

In der hier gezeigten stabilen Seitenlage hat ein Verunglückter die Atemwege immer frei, da Erbrochenes abläuft, und kann nicht wegrollen.

Klettertraining

Im Spitzenbereich hat sich das Klettern, wie viele andere Sportarten auch, mit den Jahren dramatisch verändert. Mit dem Wettkampfklettern entwickelte sich das Sponsoring und die Kletterer begannen, ihren Sport immer ernster zu nehmen. Das Sponsoring erstreckt sich heute auch auf die Eröffnung bedeutenderer neuer Routen. Eine Folge dieser Entwicklungen ist das intensive Training.

Auch wenn Sie nicht vorhaben, der weltbeste Sportkletterer oder Bergsteiger zu werden, werden systematisches Training und entsprechende Fitness Ihren Spaß am Klettern steigern. Je mehr man hineinsteckt, desto erfüllender werden die Erfahrungen sein, die man macht. Hand in Hand mit der gesteigerten Fitness und Leistung geht aber auch das Gespenst der Trainingsverletzungen. Die meisten Trainingsverletzungen könnten allerdings vermieden werden, wenn der Kletterer sich an einem auf ihn oder sie zugeschnittenen Trainingsplan orientiert hätte. Für diejenigen, die ernsthaft trainieren wollen und ein Trainingsprogramm für sich entwickeln möchten, gibt es eine Reihe guter Bücher, die das Klettertraining professionell und wissenschafltich angehen.

Francois Legrand führt seine legendäre Klettertechnik bei einem internationalen Wettkampf vor – dem höchsten Ziel für viele Kletterer. Legrand führt seinen Erfolg auf systematisches Training zurück.

Zielgerichtetes Training

Anfänger fragen oft, welche Art Training für das Klettern am meisten bringt. Wolfgang Güllich, seinerzeit einer der weltbesten Kletterer, sagte: »Das beste Training fürs Klettern ist Klettern«. Wahrscheinlich stimmt das auch, aber die meisten von uns können nicht drei oder vier Tage pro Woche auf den Felsen zubringen und müssen sich mit Ersatz wie Kletterhallen, nahegelegenen Boulderfelsen und den eigenen Trainingswänden oder -kellern behelfen.

Das Prinzip des schwächsten Kettengliedes

Viele Dinge machen jemanden zu einem guten Kletterer – beispielsweise Fingerkraft, gute Fußarbeit, Beweglichkeit, Ausdauer, Kraft, mentale Stärke oder auch Ausrüstung. Es war wieder Güllich, der das in Worte fasste. Nach wiederholten Versuchen an einer Route in der Verdon-Schlucht, den Tränen nahe, seufzte er: »Klettern ist so komplex!« Er hatte einsehen müssen, dass er zu viel Zeit ins Krafttraining investiert hatte – einen Aspekt, in dem er ohnehin schon gut war – und Beweglichkeit und Bewegungsfluss vernachlässigt hatte. Allzuoft vernachlässigen Kletterer ihre Schwachpunkte und arbeiten lieber weiter an ihren Stärken. Für ihre Gesamtperformance bringt das wenig.

Versuchen Sie, Ihre Schwächen zu lokalisieren, und

Rechts: Bouldern ist ein hervorragender Weg, Fitness und Technik gleichzeitig zu entwickeln. Man hat die Chance, Fehler zu machen und beinahe sofort an ihnen zu arbeiten. Außerdem löscht es alle Komplikationen beim Umgang mit den Sicherungen aus der Gleichung. Die Größe von Boulderfelsen kann von winzig bis riesig variieren.

arbeiten Sie an ihnen. Während man sich in einer Hinsicht verbessert, vernachlässigt man zwangsläufig eine andere. Schwächen und Stärken zu lokalisieren, sie zuzugeben und ihre Entwicklung zu beobachten ist wahrscheinlich der schwierigste Kampf beim Training und beim Klettern. Mit dem richtigen Training werden Ihre Stärken Sie beim Klettern erhalten, während sich die Schwächen langsam zu Stärken entwickeln.

Allgemeines Fitnesstraining

Zweifellos sollte sich das Training bevorzugt auf die Körperteile konzentrieren, die am meisten leisten müssen. Aber welche sind das? Denken Sie gründlich nach, bevor Sie sagen »die Arme«: Nahezu jede einzelne größere Muskelgruppe und Sehne, von den Zehen bis in die Fingerspitzen und vom Gesäßmuskel bis zum Hals, wird beim Klettern beansprucht. Nur eine spezifische Muskelgruppe zu trainieren und die anderen zu vernachlässigen, führt zu Verletzungen und Fehlschlägen – die Muskelgruppen des ganzen Körpers müssen im Einklang miteinander fitgemacht werden. Große Kräfte müssen mit großen Gegenkräften ausbalanciert werden.

Laufen könnte als Klettertraining seltsam erscheinen, doch es verbessert die aerobe Leistungsfähigkeit und stärkt Muskeln und Sehnen.

»Cross-Training«, die Kombination verschiedener Sportarten, hat sich für die meisten Disziplinen als nützlich erwiesen. Klettern ist da keine Ausnahme. Laufen, Rad fahren, Aerobic, Walking und Ähnliches bieten vielseitige Übungen und verbessern die aerobe Fitness. Sportarten wie Judo, Turnen und Tanzen fördern Beweglichkeit und Geschmeidigkeit. Angemessenes Krafttraining kann helfen, ausgewählte Muskelgruppen zu stärken. Mithilfe einer Kombination aus diesen Übungen werden Sie Ihren Körper in eine ausbalancierte »Klettermaschine« verwandeln.

Erholungsphasen

Völlig »ausgepowerte« Muskeln brauchen mindestens 48 Stunden, um sich völlig zu erholen. Trainiert man also an einem Tag bis zur völligen Erschöpfung, wird das Training am nächsten Tag ziemlich wertlos sein. Es ist zwingend nötig, sein Training an die persönlichen Arbeits- und Freizeitrhythmen anzupassen. Genauso wichtig ist es, Erholungszeiten in und zwischen den Trainings (Kletter-) einheiten einzuplanen.

Was beim Training geschieht

Der Körper ist eine höchst effiziente biologische Maschine. Wie jede Maschine braucht er Energie, produziert er Abfall und benötigt er Überwachung und Steuerung, um nicht auf Dauer zu versagen. Seine Leistungsfähigkeit kann bis zu einem bestimmten Punkt gesteigert werden, aber wie jede Maschine kann er durch Missbrauch kaputtgehen.

Jeder von uns hat einen genetisch vorbestimmten Körpertyp, und man kann wenig tun, um diese Basis zu verändern. Die relative Dichte der Knochen, die Körpergröße, die Veranlagung zu einem bestimmten Körperfettgehalt, die Zusammensetzung der Muskeln, die Stärke der Sehnen Muskeln, die Stärke der Sehnen und Ihre geistige Einstellung zum Klettern werden genetisch beeinflusst.

Am einfachsten lässt sich (mit einer sinnvollen Ernährung) etwas am Gewicht ändern, und die Muskeln und Sehnen lassen sich innerhalb ihrer genetisch vorgegebenen Grenzen entwicklen. Diese Grenzen sind weiter gesteckt, als die meisten Menschen vermuten.

Kraft und Ausdauer verbessern

Muskeln bestehen aus Faserbündeln, die mit Bändern oder Sehnen verbunden sind. Jede Muskelfaser wird durch einen Nerv aktiviert. Muskelfasern sind entweder aktiv oder inaktiv – sie arbeiten nie mit halber Kraft. Entweder sie ziehen sich völlig zusammen, oder sie tun es überhaupt nicht. Genauso wichtig wie die Kontraktion ist die Entspannung des Muskels, für die es einer ganzen Reihe komplizierter physischer und chemischer Reaktionen bedarf. Die wiederum sind zum einen von genetischer Veranlagung abhängig, zum anderen aber auch durch angemessenes Training verbesserbar.

Kraftzuwachs kann auf zwei Arten stattfinden:

- Durch eine Steigerung der Anzahl an Muskelfasern in einer Muskelgruppe.
- Durch verbesserte Rekrutierung; dann werden mehr Muskelfasern aktiviert, um einen bestimmten Zug zu machen.

Verbesserungen der Effizienz der Muskelfasern und ihrer Erholungszeit erreicht man durch:

- Verbesserte Kapillarisierung; mehr Blutgefäße umgeben die Muskelfaser, um Stoffwechselprodukte zu entfernen, die den Muskel an der Erholung hindern
- Mehr Mitochondrien (»Kraftwerke der Zelle«), Enzyme und Energie(Glykogen-) speicher in der Faser machen die Faser schneller wieder belastbar.
- Verbesserte aerobe Funktion. Muskeln verbrennen die Nahrungsenergie effizienter, wenn genügend Sauerstoff vorhanden ist. Auch Stoffwechselprodukte wie Milchsäure werden so schnell entfernt. Die Alternative dazu ist die anaerobe Arbeitsweise, die sich dann einstellt, wenn der Muskel nicht genügend Sauerstoff zur Verfügung hat, um die Energie aus der Nahrung herauszulösen. Die anaerobe Funktion ist weniger effizient und produziert Stoffwechselabfälle wie Milchsäure, die nur in Anwesenheit von ausreichendem Sauerstoff entfernt werden können. Die Milchsäurebildung erzeugt das brennende Gefühl in der Muskulatur – bis die Arme »aufgepumpt« sind und nichts mehr geht.

Verbesserungen der Muskelfasern, sowohl in Sachen Kraft als auch bei der Effizienz, ergibt sich als Reaktion auf Trainingsreize. Regelmäßiger, ausführlicher Gebrauch einer Muskelgruppe führt zu einer Anpassung. Das heißt, dass die Zahl der Muskelfasern wächst und/oder (je nach Art des Trainingsreizes) jede Zelle ihre Speicherkapazität für Glykogen und die Enzymproduktion steigert. Die Anzahl der Blutgefäße um die Muskelgruppe steigert sich, und der Anteil der Blutenzyme ändert sich.

Der Trainingsprozess dauert seine Zeit – Wochen, nicht Tage – und man muss dranbleiben, um Ergebnisse zu erzielen. Es ist wichtig, den Körper auf genau die richtige Art zu belasten, um seine Ziele zu erreichen: für mehr Maximalkraft verbessern Sie die Rekrutierung, für mehr Ausdauer die Effizienz des Muskelstoffwechsels.

Die Größe eines Muskels besagt nicht unbedingt etwas über seine Effizienz. Interessanterweise steigert sich bei einer Verdoppelung der Muskelmasse die Effizienz nur um etwa 50 bis 60 Prozent. Große Muskeln sind deshalb nicht immer am stärksten. Die Rekrutierung der Muskelfasern zählt – und die ist weitgehend genetisch festgelegt. Besonders interessant ist das Verhältnis von Kraft zu Körpergewicht, und hierbei können leichtere Kletterer oft schwere, muskulöse Typen übertreffen. Bei langen alpinen Zustiegen kann das natürlich wieder anders aussehen.

Der regelmäßige, wiederholte Einsatz spezifischer Muskelgruppen führt zu einer Anpassung, die die Effizienz beim Klettern verbessert.

Genauso wichtig ist die Gebrauchstüchtigkeit eines Muskels, und die hängt von der Koordination verschiedener Muskelgruppen ab. Beim Klettertraining kommt es zum großen Teil darauf an, dieses Zusammenspiel herzustellen ▪ Bewegungsmuster einzuüben, bei denen sich die Muskeln flüssig und effizient bewegen und genau so stark rekrutiert werden, dass Energieverschwendung oder Balance- und Koordinationsprobleme vermieden werden. Und genau darum geht es beim Aufbau von Engrammen.

Engramme

Stellen Sie sich vor, Sie würden Rad fahren – Sie müssen gar nicht erst überlegen, was als nächstes zu tun ist, oder? Das liegt am gespeicherten »Radfahr-Engramm«, einem Bewegungsmuster, das Sie ohne nachzudenken Rad fahren lässt. Ganz ähnlich entwicklen sich beim Klettertraining »Kletter-Engramme«, die viele Bewegungen automatisieren und nur dann Aufmerksamkeit erfordern, wenn Anpassungen des »Programms« an die jeweilige Situation erforderlich werden.

Die Bedeutung der Psyche

Man liegt wahrscheinlich nicht falsch, wenn man davon ausgeht, dass ein Kletterer in 75 Prozent aller Fälle aufgrund eines mentalen und nicht eines technischen Fehlers stürzt.

Was ein Kletterer vollbringt, ist das Ergebnis eines subtilen Zusammenspiels zwischen dem Unveränderlichen (wie dem Zustand des Felsens oder dem Gewicht des Seils) und dem Veränderbaren (größtenteils dem Zustand des Körpers in Reaktion auf die Einflüsterungen des Geistes). Jeder Kletterer erinnert sich an Tage, an denen alles wie von selbst lief, an denen es unmöglich schien, einen Fehler zu machen. Genau das ist der ideale Geisteszustand zum Klettern – wenn man getragen wird vom Selbstvertrauen und befreit ist von allen Ängsten und Zweifeln.

Ein leicht gebauter Sportkletterer kommt wahrscheinlich am besten mit einer Route zurecht, in der Behändigkeit und Hartnäckigkeit zählen.

Bei langen alpinen Routen mit vielen Seillängen ist ein stabil gebauter Kletterer mit mehr Kraft und Ausdauer im Vorteil.

Zu jedem Zeitpunkt des Kletterns müssen drei Dinge zusammenkommen: der Geist (die psychische Komponente), das vegetative Nervensystem (z.B. Atmung, Verdauung, Pulsschlag, Schwitzen) und das somatische Nervensystem, (die willentlich kontrollierbare Muskulatur).

Erregbarkeit

Beim Klettern bezieht sich der Begriff der Erregbarkeit auf die körperliche Bereitschaft zum Handeln. Der Grad der Erregbarkeit spiegelt im Wesentlichen das Verhältnis zwischen Adrenalin und Noradrenalin wider, zwei Hormonen, die der Körper als Antwort auf Stress produziert. Adrenalin ist das »Kämpfen oder Fliehen«-Hormon, mit dessen Hilfe der Körper seine üblichen Leistungsgrenzen überwinden kann. Beim Klettern kann diese Grenzüberschreitung eine gute Sache sein, aber der Nebeneffekt ist nachlassende Koordination, die zu einer schlechteren Feinmotorik führt, und genau diese braucht man in schwerem Fels.

Furcht erhöht das Adrenalinniveau und steigert so die Kraft, aber gleichzeitig auch den Schweißausstoß, und sie verschlechtert die Koordinationsfähigkeit. Während einem die Erregbarkeit also einerseits über mächtige Überhänge hinweghelfen kann, wird sie einem andererseits bei technisch schwierigen Routen im Wege stehen, wo man präzise Fußtechnik und feinfühlige Handarbeit braucht.

Die Erregung beherrschen

- Atmen Sie! Tiefe, regelmäßige Atemzüge wirken oft beruhigend und geben einem die Zeit, eine Situation wieder unter Kontrolle zu bringen. Erstaunlich viele Kletterer vergessen in oder während schwieriger Routen oder Wettkämpfe buchstäblich zu atmen.
- Visualisieren Sie positiv. Schließen Sie Ihre Augen und stellen Sie sich vor, wie Sie den Zug meistern, der Sie gerade beunruhigt. Fühlen Sie die Bewegungen; je reeller Sie sich die Züge vorstellen können, desto einfacher werden sie Ihnen erscheinen.
- Nehmen Sie die Route weniger ernst. Was soll schon passieren, wenn Sie diese Route nicht schaffen? Wird das Ihr Leben verändern? Lächeln Sie – und sei es nur innerlich – und grinsen Sie über sich selbst. Nehmen Sie die Sache nicht wichtiger, als sie ist.
- Formulieren Sie positive Erwartungen für sich: Denken Sie nicht »so etwas Schwieriges habe ich aber noch nie gemacht«, sondern »ich habe schon viele Sachen gemacht, die fast so schwer waren. Dann schaffe ich das hier auch.«
- Entspannen Sie Ihren Körper, bevor Sie starten. Verwenden Sie ein paar Sekunden oder Minuten darauf, jeden angespannten Muskel aktiv zu entspannen. Setzen Sie sich dazu ruhig hin, stellen Sie sich vor (und spüren Sie dabei), wie jeder Muskel sich entspannt, vom Kopf bis zu den Zehen.

Kletterer müssen lernen, für jede Tour oder Route den optimalen Erregungszustand herbeizuführen, um den Anforderungen der jeweiligen Route gewachsen zu sein.

Verletzungen

Nach Ansicht einer führenden Physiotherapeutin waren 80 Prozent der Kletterverletzungen, mit denen sie es zu tun hat, vermeidbar. Wie?

Verletzungen vermeiden

- Wärmen Sie sich auf und dehnen Sie sich – jedes Mal! Selbst wenige Züge mit unvorbereitetem Körper können zu Mikroverletzungen führen, winzigen Verletzungen, die normalerweise von selbst ausheilen würden, sich bei ständiger Beanspruchung aber irgendwann zu ernsthaften Problemen der Sehnen auswachsen können.
- Beginnen Sie mit niedriger Intensität, bis die Gelenke, Sehnen und Muskeln für härtere Aufgaben bereit sind.
- Überfordern Sie sich nicht – es dauert vier bis zehn Jahre, ein erstklassiger Kletterer zu werden.
- Hören Sie auf, sobald Sie Schmerzen verspüren. Beachten Sie die Warnsignale ihres Körpers!
- Vorsicht in kalter Umgebung – hier drohen Verletzungen an Muskeln und Sehnen, wenn diese nicht wirklich aufgewärmt sind. Denken Sie daran, dass die Kälte das Schmerzempfinden gelegentlich überdeckt.
- Tritt irgendwo eine Rötung auf, pausieren Sie, bis diese völlig abgeklungen ist.
- Rechtzeitig loslassen! Die meisten Verletzungen treten auf, wenn Kletterer verzweifelt an einem Griff zerren, obwohl Sie wissen, dass Sie ihn nicht halten können.
- Tapen Sie gefährdete Gelenke, bevor der Schmerz auftritt.

Behandlung von und Erholung nach Verletzungen

Beurteilen Sie die Schwere der Verletzung. Haben Sie das Geräusch eines gerissenen Bandes gehört (es macht »pop«) oder ein Klicken aus einem Gelenk, schmerzt es, wird es taub oder schwillt es an, pausieren Sie sofort und gehen Sie zu einem qualifizierten Sportarzt.

Sofortmaßnahmen

Ruhig stellen: Fixieren Sie das Glied oder Gelenk, sobald Sie können, selbst, wenn es sich bald nach der Verletzung wieder besser anfühlen sollte – daran ist vermutlich nur die körpereigene Schmerzunterdrückung schuld.
Kühlen: Bremsen Sie die Schwellung durch eine Kühlung mit Eis oder kaltem Wasser.

Ein paar grundlegende Dehnübungen. Versuchen Sie, vor jedem Training jeden möglichen Muskel und alle Bänder zu dehnen.

Bandagieren: Das Einwickeln des Gliedes oder Gelenks mit einer festen Bandage oder Ähnlichem bremst ebenfalls die Schwellung und unterstützt die Ruhigstellung.
Hochlegen: Bettet man das verletzte Glied höher als das Herz, unterstützt dies den Rückgang der Schwellung, da so überschüssige Flüssigkeit abfließen kann.

Langzeitbehandlung: Rehabilitation

Das Kreislaufsystem spielt eine zentrale Rolle bei der Heilung. Muskeln heilen schneller als Bänder oder Sehnen, weil sie von vielen Blutgefäßen durchzogen werden. Bei Muskeln dauert daher jede der unten beschriebenen Heilungsphasen etwa zwei bis drei Tage, während es bei Bändern und Sehnen eine bis sechs Wochen sind.

Phasen der Rehabilitation

- Ruhe. In der ersten Phase darf der verletzte Körperteil möglichst nicht benutzt werden.
- Leichte Bewegung. Diese verbessert die Durchblutung, sollte aber sehr vorsichtig und schrittweise angegangen werden. Bewegen Sie das verletzte Glied oder Gelenk vorsichtig und nicht ruckartig. Hören Sie sofort auf, wenn stechende oder anhaltende Schmerzen auftreten.
- Lässt sich der verletzte Körperteil frei bewegen, kann er allmählich wieder immer stärker belastet werden. Während der Erholungsphasen können lokale Wärmeanwendungen die Durchblutung steigern. Wärmen Sie sich in dieser Phase besonders gründlich auf und dehnen Sie sich.
- Das Auftrainieren ist die letzte Phase. Der verletzte Körperteil wird allmählich durch ein Aufbauprogramm wieder kletterbereit gemacht. Dies beginnt mit niedriger Intensität und vielen Wiederholungen und steigert sich bis zu Maximalkraftübungen mit wenigen Wiederholungen. Übertreiben Sie es in dieser Phase nicht. Treten Schmerzen auf, müssen Sie sofort eine Phase zurückgehen.

Ein Trainingsprogramm entwickeln

- Werden Sie sich über Ihre Stärken und Schwächen klar und schreiben Sie sie nieder. Bitten Sie einen Freund, Ihnen dabei zu helfen (und versprechen Sie ihm, sich nicht über seine Kritik zu ärgern...).
- Entscheiden Sie, wie oft und wie lange Sie in einer Woche trainieren können. Machen Sie sich einen Zeitplan.
- Setzen Sie sich langfristige Ziele. Diese können von der Jahreszeit abhängen, in der Sie mit dem Training beginnen (innerhalb oder außerhalb der Saison), und auch von der Art der Kletterei, auf die Sie sich vorbereiten wollen.
- Nutzen Sie dieses Buch (oder jede andere Quelle), um Übungen herauszufinden, die Ihre größten Schwächen überwinden.
- Stellen Sie ein Gleichgewicht zwischen Übungen für die Maximalkraft (kurze, wirklich harte Bewegungsabfolgen), Kraftausdauer und Ausdauer (leichtere Bewegungen mit vielen Wiederholungen) her. Arbeiten Sie an Ihren Schwächen.
- Setzen Sie sich kurzfristige Ziele im Trainingsprogramm. Nehmen Sie sich beispielsweise vor, in zwei Wochen 30 Liegestütze zu packen, einen bestimmten Boulderquergang oder eine bestimmte Route im Toprope zu schaffen.
- Teilen Sie Ihr Training in Phasen ein. Vergessen Sie dabei nicht das Aufwärmen, das Dehnen oder Ruhephasen.

Vor jedem Training und jeder Kletterei

- Wärmen Sie sich mit 5 bis 10 Minuten leichter aerober Übungen auf. Versuchen Sie es mit Jogging, Laufen auf der Stelle, Rad fahren oder schnellem Gehen. Ziel ist ein etwas erhöhter Pulsschlag – nicht irgendeine sportliche Leistung. Das dient dazu, den Kreislauf in Schwung zu bringen und die Gelenke zu schmieren.
- Dehnen Sie sich mindestens 5 Minuten. Allgemeine Dehnungen sind gut, aber beachten Sie auch die speziellen Kletter-Übungen auf der vorigen Seite. Sinnvolle Dehnübungen sind meistens statisch; verzichten Sie also auf heftiges Wippen und vermeiden Sie Schmerzen.
- Halten Sie nach dem Dehnen kurz inne und rekapitulieren Sie Ihre Ziele für die anstehende Trainings- oder Klettereinheit. Es ist sehr wichtig, sich mental auf das Training und/oder Klettern einzustellen.
- Tapen oder bandagieren Sie jedes problematische Gelenk. Verwenden Sie elastische Binden für stark bewegte Gelenke, wie Ellenbogen oder Knie, und starres Tape für Finger und Handgelenke (siehe Seite 50).
- Falls Ihr Training auch Klettern einschließt (was es eigentlich sollte), wärmen Sie sich 5 bis 10 Minuten an einfachen Griffen auf, bevor Sie sich schwereren Routen zuwenden.

Ein Muster-Trainingsprogramm

Erster Monat: Nebensaison, 6 Monate vor der Hauptsaison
Durchhaltekraft oder **aerobe Ausdauer**: Klettern Sie viel in niedriger bis mittlerer Intensität, mit langen Bewegungsfolgen, die weder Sie noch Ihre Sehnen belasten. Machen Sie 50 oder mehr Züge und ruhen Sie nach jedem Set eine Viertelstunde. Klettern Sie simple Routen mehrfach auf und ab. Steigen Sie sehr einfache Routen vor, wenn Sie das Selbstvertrauen dafür haben, um Ihre mentale Fitness zu verbessern. Viel laufen oder Rad fahren, um das Kreislaufsystem zu trainieren.

Zweiter Monat: Nebensaison; noch nicht fit, aber es wird besser.
Kraftausdauer: Setzen Sie das Ausdauertraining fort und machen Sie zusätzlich eine halbe Trainingseinheit mit harten Zügen; viele Wiederholungen von Zügen mit 6 bis 12 Bewegungen, die Sie beim ersten Versuch nicht schaffen. Beginnen Sie mit Bouldertraining, das Sie während der nächsten Monate beibehalten. Vermeiden Sie allzu kleine Griffe, um Ihre unvorbereiteten Sehnen zu schonen. Gezieltes Krafttraining kann sinnvoll sein, aber vermeiden Sie zu schwere Gewichte. Arbeiten Sie an Ihrer Beweglichkeit.

Dritter Monat: Wachsende Fitness, verbesserte Kraftausdauer, gute Grundlagenausdauer – ein entscheidender Monat.
Anaerobe Ausdauer und **Maximalkraft**: Widmen Sie 25% Ihres Trainings der Grundlagenausdauer, 25% der Kraftausdauer und 25% der anaeroben Ausdauer (Routen von 15 bis 40 Zügen mit hoher Intensität, in denen die Muskeln nicht ausreichend Zeit haben, sich unterwegs zu erholen). Machen Sie Intervalltraining (10 bis 20 Züge, 1 Minute Ruhe, 3 Wiederholungen; 15 Minuten Pause, dann noch einmal), das Sie langsam steigern. Dazu kommen 25% Maximalkrafttraining (kurze Sequenzen mit 3 bis 6 Zügen hart am Limit; 15 Minuten Pause, dann wiederholen).

Vierter Monat: Engramme verstärken und sich auf die Hauptsaison einstimmen.
Die Dinge zusammenbringen: Klettern Sie an der Kunstwand oder am Fels viele Routen, von einfach bis knapp unter dem Limit, entspannenderweise am besten am Toprope. Um die Vorstiegsqualitäten nicht zu verlieren, sollten Sie jedoch auch verschieden schwere Routen führen. Widmen Sie eine der wöchentlichen Trainingseinheiten dem Kraft- und Kraftausdauertraining (so vermeiden Sie schlechte Bewegungsmuster, die sich durch Klettern in erschöpftem Zustand einschleifen) und der anaeroben Ausdauer – zum Beispiel mit einer Bouldersession, die mit schweren Problemen beginnt und zu einfacheren hinführt.

Fünfter bis sechster Monat: Hauptsaison. Setzen Sie sich realistische Ziele und achten Sie auf ausreichende Ruhephasen.
Schwerpunkt: **Physische und mentale Technik**. Gehen Sie schwere Routen an. Vorher dehnen, aufwärmen und sich mental darauf einstellen. Visualisieren Sie Ihre Aufstiegsroute. Ihre im Training erworbene Ausgangsbasis gibt Ihnen Selbstvertrauen. Verzichten Sie ab und zu auf die harten Routen und klettern Sie etwas Leichteres, um auszuruhen. Sind Sie traditioneller Kletterer, versuchen Sie es mit Sportklettern, sind Sie Boulderer, gehen Sie ausnahmsweise an künstliche Wände oder per Toprope an den Fels; senken Sie einfach die Schwierigkeiten, um den Spaß nicht zu verlieren.

(für einen 7-Tage-/12-Monats-Trainingszyklus mit einer dreimonatigen Hochsaison)

Siebter Monat: Nachsaison. Viele Kletterer verschnaufen jetzt und kehren dem ernsthaften Klettern für eine Weile den Rücken. Das macht Sie fit für einen zweiten Saisonhöhepunkt, der auch völlig andere Dinge wie Eisklettern oder Klettern in einem fremden Gebiet oder Gestein beinhalten kann.
Im Kopf: Vergessen Sie für eine Weile die Höchstleistungen; klettern Sie leichtere Routen, um es nicht ganz zu verlernen. Eine völlige Abkehr von der normalen, strengen Trainings- und Kletterroutine ist oft eine gute Idee.

Achter Monat: Zweite Vorsaison. Wenn Sie es letzten Monat locker angehen ließen, sollten Sie ausgeruht und fit sein, um wieder richtig einzusteigen.
Maximalkraft und Kraftausdauer: Das geht am schnellsten, also sollten Sie sich darauf konzentrieren – Bouldern hilft weiter. Achten Sie auf die Sehnen und wärmen Sie sich besonders gut auf. Ausdauertraining sollte immer noch die Hälfte Ihrer Trainingszeit ausmachen. Viele Wiederholungen kurzer Züge in ausgeruhtem Zustand verstärken gute Bewegungsmuster (Engramme). Achtung vor Übertraining!

Neunter bis zehnter Monat: Zweite Hochsaison – zurück an die Felsen. Beenden Sie ein angefangenes Projekt oder klettern Sie in einer anderen Gegend. Hören Sie auf Ihren Körper – wenn er für große Dinge bereit ist, tun Sie sie. Wenn nicht, arbeiten Sie schrittweise daran, dass Körper und Geist gleichzeitig auf der Höhe sind.
Technik: Mit schlechter Technik ist keine gute Route zu bezwingen. Durch das Ausklügeln einer Lösungsstrategie für ein bestimmtes Problem lässt es sich oft knacken. Seien Sie bereit, einfachere Routen zu klettern, um sie mit astreiner Technik zu bewältigen.

Elfter Monat: Stabilisierung; werten Sie Ihre Stärken und Schwächen aus.
Kompensierendes Training: Wenn Sie an der Kraft gescheitert sind, legen Sie jetzt eine Basis für nächstes Jahr; verfeinern Sie Ihre Technik, solange Sie noch gut in Form sind. Gute Engramme bilden sich nur, wenn man sie einübt, während man voll bei Kräften ist (das Wiederholen von Bewegungsabläufen wenn man erschöpft oder technisch überfordert ist, ergibt schlechte Engramme). Hatten Sie Probleme mit der psychischen Seite, steigen Sie leichte Routen vor, um Selbstvertrauen aufzubauen. Fragen Sie Ihre Freunde, was Ihre Stärken sind – das führt zu hilfreichen Einschätzungen!

Zwölfter Monat: Zeit, auszuruhen. Klettern Sie nicht mehr als etwa ein Mal pro Woche. Der Körper muss sich gründlich erholen, und Sie werden nachher wieder heiß auf's Klettern sein.
Anmerkung: Dieses Schema geht von einem 7-Tage-Rhythmus mit einem zweitägigen Wochenende aus, an dem der größte Teil der Kletterei geschieht, und von einem 12-monatigen Jahreszyklus mit einer Hochsaison von drei Monaten. Er ist auf das Sportklettern ausgerichtet und muss für das Wettkampfklettern oder traditionelles Klettern in seinen Schwerpunkten leicht verändert werden.

Zu neuen Horizonten

Vermutlich sind Sie jetzt soweit, dass Sie das Klettern ausprobieren wollen – aber wie fängt man das am besten an?

- Belegen Sie einen Kletterkurs beim Alpenverein oder einem kommerziellen Veranstalter.
- Schließen Sie sich erfahrenen Kletterern an.
- Suchen Sie sich Gleichgesinnte und fangen Sie auf eigene Faust an.

Die erste Möglichkeit ist zweifellos am sichersten und am empfehlenswertesten. Sie ist auch die teuerste, obwohl die Kosten vor allem beim Alpenverein immer noch in einem guten Verhältnis zum Nutzen stehen. Die zweite Möglichkeit ist dann gut, wenn erfahrene Kletterer Sie wirklich mitnehmen wollen und sie auch wirklich erfahren sind! Nicht alle »alten Hasen« sind gute Lehrer. Trotzdem ist es immer eine gute Idee, mit dem Beistand anderer anzufangen. Die letzte Möglichkeit hat möglicherweise den stärksten Kitzel, ist aber sicher auch die gefährlichste. Trotzdem sollte man sie nicht ausschließen – Felsklettern ist ein Abenteuersport, und ohne Risiko gibt es nun einmal kein Abenteuer.

Egal, wie Sie sich entscheiden – behalten Sie das Risiko im Griff. Vielleicht ist der wichtigste Punkt in diesem Zusammenhang, alles zweimal zu checken: Klettergurte, Knoten, Zwischensicherungen, Standplätze – einfach alles! Viel Spaß beim Klettern!

Rechts: Ein Kletter kurz vor der Spitze des »Totem Pole«, einer wahrhaft herausragenden (und erschreckenden) Felsnadel in Tasmanien. An der tasmanischen Küste gibt es eine ganze Reihe derartiger Felsformationen.

Bobbi Benson bouldert – ausgesprochen aufmerksam beobachtet – in Heuco Tanks, Texas. In den Vereinigten Staaten gibt es eine überwältigende Zahl reizvoller Klettereien, vom Bouldern über Big Walls bis zum Eisklettern.

Klettern über dem Meer in Gogarth (Wales) ist Freiklettern in seiner abenteuerlichen Ausprägung: Sehr exponiert, mit unzuverlässigem Fels und noch zweifelhafterer Absicherung – ganz im Stil der britischen Tradition.

Klettern am kompakten Kalkstein der Halong Bay, Vietnam. Kleine Quellen, Tümpel, unglaubliche Stalagtiten und das exotische Ambiente machen die Bucht zu einem Traumziel für Kletterer.

Smith' Rocks in Oregon, USA. Eines der umwerfenden Klettergebiete in den Wüsten der USA mit reichlich Sandsteinfelsen für traditionelle und Sportkletterer.

Die zum Himmel strebenden Granitwände des »El Capitan« im Yosemite (Kalifornien, USA) sind zu Recht weltberühmt als der ideale Ort für technische oder freie Big-Wall-Klettereien.

Der Küstenstreifen bei Finale Ligure, Italien, hat, wie andere Gegenden des Landes, eine ganze Reihe von Kalkfelsen für Sportkletterer aller Klassen.

Ein Kletterer in der klassischen Route »Comes the dervish« in den Schieferplatten von Nord-Wales. Im notorisch glitschigen Schiefer ist das eine verwegene und trickreiche Kletterei.

Die Verdonschlucht in Südfrankreich gilt als Sportkletterparadies. Hier gibt es hunderte eingebohrter Routen in jedem erdenklichen Schwierigkeitsgrad.

Der feste und kompakte Sandstein des Tafelbergs bei Kapstadt, Südafrika, bietet hervorragende und abenteuerliche Klettereien – obwohl er mitten in der Stadt liegt.

Chamonix im Dreiländereck Italien/Schweiz/Frankreich, wo Faktoren wie Gletscher und Eiskletterei mit den Herausforderungen massiven Granits zusammentreffen, ist ein perfekter Spielplatz für alpine Kletterer.

Kletterethik und Umweltfragen

Manche Kletterer stellen wüste Behauptungen über ihre Kletterkünste auf, was heftige Reaktionen anderer zur Folge haben kann. Wozu die Aufregung – wenn Klettern doch »nur ein Spiel« ist? Das stimmt zwar, aber es geht um die (meist ungeschriebenen) Regeln und die Ethik, um Verhaltensstandards, die das Klettern wie jeder andere Sport hat.

Einige durchaus berühmte Kletterer haben diese Regeln gebrochen oder dies wird zumindest gemutmaßt – die Erstbesteigung des sturmumtosten Cerro Torre in Patagonien durch den Italiener Cesare Maestri ist immer noch umstritten, da er dazu eine lange Leiter einsetzte. Auch die Erstbesteigung der Lhotse-Südwand durch den Slowenen Tomo Cesen wird noch in Frage gestellt. Doch es wird unmöglich bleiben, so etwas wie »die Wahrheit« herauszufinden: Alles ist anfechtbar und die Kletterethik entwickelt sich täglich weiter.

Die Begehungsstile

Die gegenwärtige Terminologie bezüglich der akzeptierten Kletterstile unterscheidet zwischen:

On sight: Die Route wird von unten nach oben frei durchstiegen, ohne dass man Vorabinformationen oder Fotos von ihr besitzt. Alle Sicherungen werden im Vorstieg gesetzt, Ausruhen im Seil ist nicht zulässig.

Flash: Technisch identisch mit dem oben beschriebenen Stil, aber Sie haben jemanden zugeschaut oder besitzen andere Informationen über die Route.

Rotpunkt: Im Prinzip der gleiche Stil wie beim Flash, aber mit mehrfachen Versuchen an schwierigen Stellen und mit Ausruhen an Sicherungspunkten oder im Seil.

Lynne Hill bohrt eine Route in Thailand ein. In dieser Gegend sind Bohrhaken zulässig.

Afterwork: Die Route wird zuerst eingeübt, entweder in kleinen Abschnitten oder als Ganzes. Traut man sie sich dann zu, wird sie am Stück vorgestiegen (dies ist das übliche Vorgehen bei schweren Sportklettertouren, aber auch im traditionellen Stil).

Pinkpoint: Eine eher inoffizielle Variante des »Rotpunkt«-Stils, bei der man Expressschlingen in den Haken belässt und im Aufstieg nur das Seil einhängt. Bei wirklich harten und überhängenden Sportklettereien wird diese Unterscheidung zwischen »rot« und »pink« normalerweise nicht getroffen.

Das oben Gesagte bezieht sich hauptsächlich auf das Sportklettern. Bei alpinen Expeditionen oder Big Walls verschieben sich die Maßstäbe – oft kommt es einfach nur noch darauf an, die extremen Bedingungen zu überleben. Wie schwer eine solche Route wirklich war, obliegt im Wesentlichen der Einschätzung anderer Kletterer. Das Ziel, eine solche Route frei und ohne technische Hilfe oder Vorabinfomationen zu durchsteigen, bleibt. Viele Anstiege lassen künftigen Kletterern noch die Option, irgendwann in diesem puristischen Stil bewältigt zu werden – und geben so dem Klettern Raum für die Weiterentwicklung.

Kletter-«Etikette«

Beim Klettern gilt es als »unehrenhaft«, jemandem eine Route wegzuschnappen, an der dieser schon lange arbeitet. Will man also seinen Claim abstecken und anderen signalisieren, dass dies ein Projekt ist, knotet man eine Schlinge (oft eine rote) in den ersten Haken. Genauso zweifelhaft wie das Wegschnappen einer Route ist aber auch das Blockieren auf diese Art, wenn man mutmaßlich gar nicht in der Lage ist, sein Werk zu vollenden. Man sollte auch nicht davon ausgehen, dass eine Route ohne zusätzliche Haken oder gar geschlagene Griffe unmöglich ist, nur weil man selbst es nicht schafft.

Die Umwelt

Viele Kletterer behaupten, sie betrieben ihren Sport, weil sie die Natur liebten und gerne draußen seien. Trotzdem sollte man nicht vergessen, dass schon die bloße Anwesenheit die Natur beeinträchtigt. Mit der Zahl der Kletterer wächst verständlicherweise auch ihr Eingriff in die natürliche Umwelt. In vielen Teilen der Welt ist der freie Zugang zu den Klettergebieten bedroht. Landbesitzer, Forstbehörden und Umweltverbände haben ein Auge auf die Kletterer, und es reicht aus, dass ein Einzelner Müll in die Landschaft wirft oder sie anderweitig verschandelt, um die Kletterer allgemein als verantwortungslose Egoisten erscheinen zu lassen.

Das »Malteserkreuz« im südafrikanischen Cederberg steht inmitten einer ursprünglichen, rauen Wildnis. Es ist eine permanente Herausforderung, solche Orte zu erhalten.

Einige Grundsätze:

- Verlassen Sie das Gebiet so, wie Sie es vorgefunden haben – oder in einem besseren Zustand.
- Belassen Sie den Fels so natürlich wie möglich und setzen Sie keine überflüssigen Haken.
- Betreten und verlassen Sie das Klettergebiet auf vorhandenen Wegen.
- Informieren Sie sich vor dem Klettern über die Vorschriften im Zielgebiet und beachten Sie die Regeln – egal, ob es um Nistplätze, seltene Pflanzen oder Bohrhakenverbote geht.
- Verwenden Sie so wenig Chalk wie möglich, um den Felsen nicht zu verschandeln. Es gibt auch farbiges, an den Fels angepasstes Magnesia.
- Falls Sie zelten, kochen Sie auf mitgebrachten Kochern, nicht mit Feuer; tragen Sie sämtliche Abfälle (auch Zigarettenkippen!) wieder nach Hause; waschen Sie sich nicht in kleinen Bächen und verwenden Sie in größeren Gewässern nur biologisch vollkommen abbaubare Seife.
- Vergraben Sie Exkremente etc. gründlich.
- Spielen Sie keine Musik ab. Auch Flüche und ordinäre Ausdrücke können andere stören, die die Natur in Frieden genießen wollen.

Sie sind verantwortlich für die Umwelt und gleichzeitig dafür, dass der Zugang zu den Klettergebieten erhalten bleibt.

Der Gebrauch von Führern

Sobald man sich um Klettergebiete kümmert, fällt einem auf, wie viel Führerliteratur es gibt. Gute Gebietsführer sind extrem hilfreich, schlechte können einen in Schwierigkeiten bringen. Gute Führer sind einfach und geradeaus geschrieben und enthalten nur grundlegende Sachinformationen wie den Namen der Route, ihren Schwierigkeitsgrad, Datum der Erstbesteigung, die Namen der Erstbesteiger und Grundinformationen zur Sicherung, den Schlüsselstellen, der Länge und Anzahl der Seillängen und eventuelle Vorsichtsmaßnahmen wie »Steinschlaggefahr durch Spaziergänger auf der Klippe«. Denken Sie auch daran, dass sich die topografischen Symbole zwischen verschiedenen Büchern unterscheiden können. Die auf Seite 93 skizzierten Zeichen orientieren sich an den Normen der UIAA.

Schwierigkeitsgrade beim Felsklettern

UIAA	Frankreich	USA	England technisch	England Ernstaftigkeit	Australien SA / NZ	Elbsandsteingebirge
I	1	5.2		mäßig schwierig	9	I
II	2	5.3		schwierig	10	II
III	3	5.4		sehr schwierig	11	III
IV	4	5.5	4a	ernst	12	IV
V-					13	V
V		5.6	4b	sehr ernst	14	VI
V+	5	5.7	4c		15	VIIa
VI-		5.8	5a	hart, sehr ernst	16/17	VIIb
VI	6a	5.9		E1	18	
VI+	6a+	5.10a/b	5b		19	VIIc
VII-	6b	5.10c/d		E2	20	VIIIa
VII	6b+	5.11a	5c		21	VIIIb
VII+	6c	5.11b		E3	22	VIIIc
VIII-	6c+	5.11c	6a		23	IXa
VIII	7a/7a+	5.11c		E4	25	IXb
VIII+	7b	5.12a/b	6b		26	IXc
IX-	7b+/7c	5.12c		E5	27	Xa
IX	7c+	5.12d			28	Xb
IX+	8a	5.13a	6c		29	Xc
X-	8a+	5.13b		E6	30	
X	8b	5.13c/d	7a		31	
X+	8b+	5.14a		E7	32	
XI-	8c	5.14b	7b		33	
XI	8c+	5.14c	7c	E8/9	34	
XI+	9a	5.14d	8a	E9	35/36	

Anmerkung: Alle Bewertungssysteme sind nach oben offen – die obenstehende Tabelle orientiert sich am Stand der Kletterns zum Zeitpunkt der Manuskript-Fertigstellung. Der direkte Vergleich zwischen zwei direkt benachbarten Routen kann schon schwierig sein; umso schwieriger ist es, Routen in verschiedenen Ländern, an verschiedenen Felsarten oder in unterschiedlichen Kletterstilen zu bewerten. Die Tabelle bezieht sich auf reines Felsklettern. Häufig werden Sportkletterrouten außerhalb Deutschlands nach dem französischen System bewertet. Vergewissern Sie sich vor dem Klettern, ob alle Haken vorhanden sind oder ob Sie eigene Sicherungsmittel mitnehmen müssen.

Bouldern

Fontainebleau bei Paris gilt als die Heimat des modernen Boulderns. Die Schwierigkeitsbewertung erfolgt gewöhnlich nach der speziellen französischen Fontainebleau Power Scale – sie reicht von Font 6a bis Font 9a. Gelegentlich wird die US-amerikanische Verminskala von »V1« bis »V14« herangezogen.

Technisches Klettern

Technische Klettereien werden von »A0« (die Benutzung eines Hakens mit Hand oder Fuß zur Überwindung der Schlüsselstelle) bis »A5« (lebensgefährliche technische Kletterei) bewertet.

Alpine Schwierigkeitsgrade

Alpine Routen unterliegen einer Gesamtbewertung, die sich nach den alpinen Anforderungen und nicht nach der größten vorhandenen Kletterschwierigkeit richtet. Mehrere Bewertungssysteme sind auch hier im Gebrauch; so reicht die französische Skala von F (facile, leicht) über PD (peu diffizile, wenig schwierig) und AD (assez diffizile, ziemlich schwierig), TD (tres diffizile, sehr schwierig), ED (extrémement diffizile, äußerst schwierig) bis zum »oben offenen« ABO (abonimable, was hier so viel wie »erschreckend« bedeutet).

Kombinierte Routen

Routen, die freie und technische Kletterei sowie Eis und andere Schwierigkeiten beinhalten, werden mit einer längeren Zeichenfolge beschrieben. Am Beispiel der Route »Badlands« am Torre Egger in Patagonien, einer 1500-Meter-Tour liest sich das als »VI, 5.10, A3, WI 4+«, und das heißt: Die Tour dauert mindestens drei Tage (Amerikanischer Alpin-Grad VI), hat eine maximale Kletterschwierigkeit von 5.10 im amerikanischen System, enthält schwierige Stellen in technischer Kletterei (A3) sowie Eiskletterei des Grades 4+. Diese Zahlenfolge bedeutet also im Klartext, dass die Tour sehr, sehr ernst zu nehmen ist!

Beispiel: Topo des Felsens »Den Vinger«

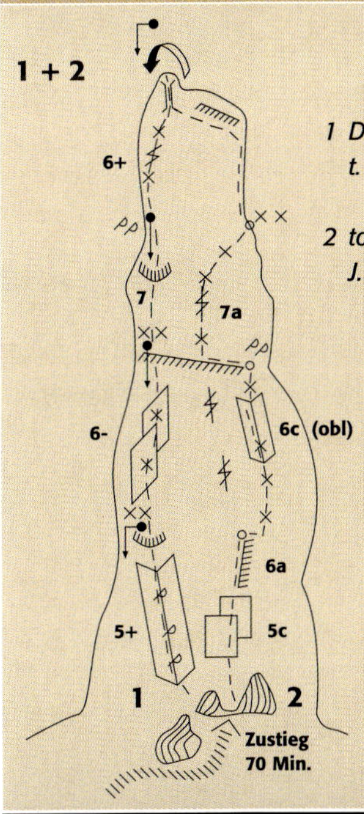

1 DIGITALIS 7 120 m
t. hunker, h. vinger 1994

2 tom thumb 7a 130 m
J. Trebout, F. Pitet 1998

SCHWIERIGKEITSGRADE

Ao	*Bei technischer Besteigung*
4–6+	*UIAA-Bewertung (Route 1)*
6b	*Französische Bewertung (Route 2)*

Haken	*Absatz*
Bohrhaken	*Dach*
Reepschnurschlinge	*Überhang*
Zugang	*Platten*
Abstieg oder Teil des Aufstiegs einer unsichtbaren Route	*Kamin*
frei kletterbarer Riss	*Abseilstellen*
Verschneidung	*Standplatz*
Felsschuppe	*eigene Sicherungsmittel notwendig*

Gute Kletterführer beinhalten »Topos«-Fotos oder vereinfachte grafische Darstellungen der Route. Fotos können sehr hilfreich sein, wenn die Route klar eingezeichnet ist. Dank der vereinheitlichten Zeichen der UIAA helfen schematische Zeichnungen unter Umständen genauso gut weiter – man muss sie nur kennen.

Kontakte knüpfen / Tipps

Der beste Weg zu guten Klettergebieten führt über die Empfehlungen anderer Kletterer. Um diese gelegentlich recht flüchtige Spezies zu treffen, begibt man sich in Kletterhallen oder zur Kletterwand im Fitnessstudio.

Interessante Links für Kletterer findet man im Internet unter:
»www.kletter-magazin.de/Service/links«
»www.einstieg.ch.tt« und »www.Rockclimbing.de«.

Zeitschriften für Kletterer gibt's am Kiosk oder direkt bei den jeweiligen Verlagen.

Klettern – hot rocks, cold ice, big walls
Zieglerstraße 11, D-70372 Stuttgart,
Telefon: 0711 954 7926,
E-mail: redaktion@klettern-magazin.de

Bergsteiger – Das Tourenmagazin
Innsbrucker Ring 15, 81673 München,
Telefon: 089 1306 9982,
E-mail: bergsteiger@bruckmann.de

Alpin – Das Bergweltmagazin
Planegger Straße 15, 82131 Gauting,
Telefon: 089 8931 600,
E-mail: alpin@bergwelt.de

Besonders wertvolle Tipps nicht nur für Einsteiger sind zu beziehen über den
DAV-Deutscher Alpenverein,
Von-Kahr-Straße 2-4, D-80997 München,
Telefon: 089 140 030.
Jüngere Kletterer wenden sich an die
»JDAV-Die Jugend im Deutschen Alpenverein«,
Von-Kahr-Straße 2–4, D-80997 München,
Telefon: 089 818 9710.
Bundesverband der Interessengemeinschaft Klettern
Georg-Strobl-Str. 73, 90489 Nürnberg,
Telefon: 09 11 53 22 52
Aktuelle Buchtipps:

- Michael Hoffmann, Sportklettern, ISBN 3-926807-88-1, Panico Alpinverlag
- Fritz Zintl / Andrea Eisenhut, Ausdauertraining, ISBN 3-405-16051-0, BLV Verlagsgesellschaft.

Glossar

Abseilen: Der kontrollierte Weg nach unten mithilfe eines Seils. Die Geschwindigkeit wird mit der Seilreibung in einem Abseilgerät oder Karabinerhaken gesteuert.

Abseilgerät: Ein Gerät, das die Seilreibung erhöht und dadurch beim Abseilen kontrolliert Seil durchlaufen lässt.

Afterwork: Ein Kletterstil (üblicherweise beim Sportklettern), bei dem die Route auf jede Art eingeübt werden darf, bevor sie schließlich in einem Zug, ohne Belastung der Haken, durchstiegen wird.

Alpines Klettern: Felsklettern mit hoher objektiver Gefahr durch Wetter, Steinschlag etc.; Bohrhaken sind selten.

Big Walls: Lange, technisch anspruchsolle Routen, die normalerweise nicht an einem Tag durchstiegen werden können. Nicht jeder Kletterer muss jede Seillänge klettern, oft wird im Nachstieg mit Steigklemmen gearbeitet.

Bohrhaken: Metallhaken, der mit Spezialmörtel im Loch verklebt wird. Am Standplatz und (beim Sportklettern) als Zwischensicherung verbreitet.

Bouldern: Seilfreies Klettern in Absprunghöhe.

CE-Zeichen: Sicherheitsstandard der Europäischen Union, der sich auch auf Kletterausrüstung erstreckt. Da Kletterausrüstung zur »persönlichen Schutzausrüstung« zählt, muss sie in der EU dieses Prüfzeichen tragen.

Chalk: Bei den Turnern heißt es »Magnesia«. Magnesiumkarbonat, das die Hände trocknet und die Griffigkeit erhöht.

Clean Climbing: Kletterstil, bei dem der Vorsteiger jede Sicherung selbst legt und der Nachsteiger sie wieder komplett entfernt. Weder Haken noch Schlingen verbleiben im Fels.

Einbinden: Das Befestigen des Seils am Kletterer, üblicherweise an seinem Klettergurt.

Expressschlinge: Die Kombination aus einer (vernähten) Bandschlinge und zwei Karabinerhaken. Sie verbinden den Sicherungspunkt mit dem Seil.

Flash: Das Durchsteigen einer Route ohne Rast im Seil oder Sturz. Die Schlüsselstellen dürfen aus Schilderungen oder Abbildungen bekannt sein.

Free Climbing: Freiklettern, das heißt: Fixpunkte werden weder zum Ausruhen noch für den Aufstieg, sondern nur zur Sicherung benutzt.

Free solo: Seilfreies Klettern in einer Höhe, bei der ein Sturz den Tod oder schwere Verletzungen nach sich ziehen kann.

Friend: Siehe »Klemmgerät«

Grad: Die Schwierigkeitsbewertung einer Route, die normalerweise durch den Konsens der Kletterer zustande kommt.

Hexcentric: Ein sechsflächiger Klemmkeil, der in horizontalen und sich verjüngenden Rissen als Sicherungspunkt dient.

Jümar: Der erste Hersteller moderner Steigklemmen: Ein gezahntes Segment beißt sich ins Seil. Die Jümar-Steigklemme gab der Technik des Seilaufstiegs mit ähnlichen Klemmen ihren Namen.

Karabinerhaken: Geschlossener Metallring verschiedener Formen und Größen, der an einer Stelle, dem Schnapper, geöffnet werden kann. Zum Einhängen von Seilen, Expressschlingen etc. beim Klettern unverzichtbar.

Kernmantelseil: Ein Seil, das aus einem Kern parallel verlaufender Fasern und einem darum geflochtenen Mantel besteht. Die übliche Konstruktion beim Klettern.

Klemmgerät: Ein Sicherungsgerät, dessen Segmente sich mit Federdruck in einem Riss spreizen und sich dort bei Belastung verkeilen. Oft auch als »Friend« bezeichnet.

Klemmkeil: Ein Stück Metall mit einer Schlaufe für Karabinerhaken, das, verkeilt in Rissen, als Sicherungspunkt dient.

Nachsteiger: Kletterer, der eine Route am Seil des Vorsteigers gesichert durchsteigt (Seilzweiter).

Piaztechnik: Auch Gegendrucktechnik. Der Kletterer erzeugt durch den Zug der Arme, etwa an einer Felsschuppe, Druck und somit Reibung für die Füße.

Platte: Ein großes, glattes Stück Fels, das meist nur mit Reibungskletterei oder an winzigen Griffen zu überwinden ist.

Reepschnur: Ein dünnes Kernmantelseil (2 bis 8 mm Durchmesser), das für Standplatzsicherungen, Prusikschlingen etc. eingesetzt wird.

Reibungsklettern: Eine Technik beim Fehlen zuverlässiger Griffe, bei der die Haftung am Fels größtenteils durch die Füße gesichert ist.

Route: Der etablierte Weg auf einen Gipfel oder durch eine Felswand. Routen werden von ihren Erstbegehern benannt.

Schulter-Riss: Ein Riss, der zu eng ist, um den ganzen Körper aufzunehmen und zu groß, um Fuß oder Hand sicher in ihm zu verklemmen. Schwierig zu klettern.

Seillänge: Der Abstand zwischen zwei Standplätzen. Die Länge variiert nach den natürlichen Gegebenheiten – und der Seillänge. Bei einem 50-Meter-Einfachseil umfasst eine Seillänge maximal 25 Meter.

Sicherungskette: Das System, mit dessen Hilfe der Kletterer vor dem Absturz bewahrt wird. Es beinhaltet die Sicherungspunkte, das Seil, die Sicherungsgeräte und den Sichernden. »Sichern« bedeutet also, das Seil in einer Art zu handhaben, die den Kletterer beim Sturz auffängt.

Sicherungsmittel: Bandschlingen oder verschiedene Metallgeräte (Keile, Klemmgeräte, Haken etc.), die im Felsen verankert werden, um den Kletterer vor dem Absturz zu schützen.

Sicherungspunkt: Eine Stelle, an der Seile mit Karabinerhaken oder Expressschlingen mit dem Fels verbunden werden. Das kann genausogut ein Baum oder eine Sanduhr sein wie ein Klemmkeil oder ein Haken.

Steigklemme: Mechanische Rücklaufsperre, mit der man am Seil aufsteigt. Meist paarweise eingesetzt. Übliche Bezeichnung: Jümar.

Rack: Gesamtheit der Sicherungsmittel, die ein Kletterer mit sich trägt.

Stichtbremse: Verallgemeinerter Ausdruck für Sicherungsplatten; ursprünglich entwickelt von Franz Sticht

Technik (gute): Eine effiziente Methode, ein Kletterproblem zu lösen. Kennzeichen: Minimaler Einsatz von reiner Kraft.

Technisches Klettern: Beim technischen Klettern werden Haken, Schlingen, Klemmgeräte usw. nicht nur zur Sicherung benutzt, sondern auch, um sich mit ihrer Hilfe aufwärts zu bewegen.

Topo: Zeichnung, die mithilfe normierter Symbole den Weg nach oben und seine Details beschreibt.

Toprope: Das Klettern einer Seillänge ohne Vorstieg – das Seil läuft durch einen Sicherungspunkt am oberen Routenende.

Stichwortverzeichnis

Bildnachweis

Peter Cole: Seiten 60, 68 (unten), 88 (oben rechts & unten links); **Black Diamond Equipment:** Seiten 22 (rechts), 30 (rechts), 41 (Mitte & rechts), 63 (rechts oben & unten); **Greg Epperson:** Titel; **Julian Fisher:** Seiten 6, 8 (oben links), 12 (oben), 13, 21 (links), 39, 89 (unten links), 91; **Bill Hatcher:** Seiten 5, 8 (unten), 16 (links & rechts), 17, 45, 55, 62, 71 (oben), 79, 80 (links & rechts), 85 (Monat 9), 86 (oben & unten links), 88 (oben links), 90; **Garth Hattingh:** Seiten 12 (unten), 32 (oben), 68 (oben), 76 (oben & unten), 84 (Monate 1,3,4,5), 85 (Monat 7), 88 (unten rechts), 89 (oben rechts); **Hedgehog House/Grant Dixon:** Seite 87; **Hedgehog House/Hugo Verhagen:** Seite 18; **Sigma/Philippe Poulet:** Seite 19; **Struik Image Library/Juan Espi:** Seiten 18 (unten), 21 (rechts), 22 (links), 23 (rechts), 24, 26, 27, 28, 29, 30 (links), 41 (links), 56 (oben rechts), 61 (oben rechts), 64, 65; **Struik Image Library/Clinton Whaits:** Seiten 20, 23 (links oben, Mitte & unten), 25 (unten), 33, 36, 37, 40, 42, 43, 46, 47, 48, 49, 50, 51, 52, 53, 57, 58, 59, 61 (Mitte rechts), 71 (unten links & rechts), 73, 75, 85 (Monat 12); **Maarten Turkstra:** Seiten 10, 11 (unten), 14, 56 (links), 85 (Monate 8,11); **Clinton Whaits:** Seiten 44, 81, 82; Ray Wood: Seiten 2, 9, 11 (oben), 15, 25 (oben), 54 (oben & unten), 56 (unten rechts), 69, 77, 78, 84 (Monat 2), 86 (unten rechts), 89 (oben links & unten rechts).